临床医学专业
课程思政教学案例集

编　著　隆　娟　王　茜

编　者　（以姓氏笔画为序）

王　茜　刘　坚　刘　颖　刘幸卉　李丹丹　李平飞
吴诗诗　位秀丽　张志锋　罗　强　赵伦华　赵虎子
赵燕清　高志婕　郭昆全　梅建伟　曹　梅　隆　娟
董晓霞

华中科技大学出版社
http://www.hustp.com
中国·武汉

图书在版编目(CIP)数据

临床医学专业课程思政教学案例集/隆娟,王茜编著. —武汉:华中科技大学出版社,2021.11
(2024.5重印)
 ISBN 978-7-5680-7745-3

Ⅰ.①临… Ⅱ.①隆… ②王… Ⅲ.①思想政治教育-教案(教育)-高等学校 Ⅳ.①G641

中国版本图书馆 CIP 数据核字(2021)第 239222 号

临床医学专业课程思政教学案例集　　　　　　　　　　　　　　　　　　隆娟　王茜　编著
Linchuang Yixue Zhuanye Kecheng Sizheng Jiaoxue Anliji

策划编辑:袁　冲
责任编辑:李曜男
封面设计:抱　子
责任监印:朱　玢

出版发行:华中科技大学出版社(中国·武汉)　　电话:(027)81321913
　　　　　武汉市东湖新技术开发区华工科技园　　邮编:430223

录　　排:武汉创易图文工作室
印　　刷:武汉邮科印务有限公司
开　　本:710mm×1000mm　1/16
印　　张:11.5
字　　数:229千字
版　　次:2024年5月第1版第6次印刷
定　　价:39.00元

本书若有印装质量问题,请向出版社营销中心调换
全国免费服务热线:400-6679-118　　竭诚为您服务
版权所有　侵权必究

内 容 提 要

本书以《高等学校课程思政建设指导纲要》和《关于加强医教协同实施卓越医生教育培养计划2.0的意见》对医学人才的培养要求为指导,立足于临床医学专业课程思政的要求和需求,着眼于临床医学专业学生理想信念的塑造和职业素养、职业能力的培养,结合临床医学的特点和相关课程的知识点,对临床医学专业课程蕴含的政治认同、家国情怀、文化自信、医学人文素养、敬业精神、高阶思维能力、科学精神和国际视野等思政元素进行挖掘、分析和整理,为临床医学专业开展课程思政教学提供参考。

本书共有55个案例,分为医学史(15个)、医学人物(24个)、临床诊疗(8个)和医患关系(8个)四个大类。另有"大体老师"的案例放在开篇。医学史部分主要突出政治认同、家国情怀、文化自信、科学精神和医学伦理;医学人物部分主要反映家国情怀、敬业精神、科学精神和批判性思维;临床诊疗部分包括6个正确诊断的案例,以及2个误诊、漏诊的案例,主要凸显临床思维,特别是辩证思维能力和批判性思维能力的重要性;医患关系部分主要突出医学人文素养,包括职业责任、医学伦理、人文关怀、法治意识、沟通能力以及医学叙述能力等。"国际视野"的思政元素视具体素材而定,主要体现在医学史和医学人物类案例中。"大体老师"是捐献给医学教学和科学研究的遗体标本,不属于以上几类中的任何一类,但特别纯粹地体现了大爱无私的精神,是关于无私奉献精神和生命观教育的绝佳素材,也是临床医学生首先接受的关于专业和人文教育的主题,因此放在开篇,以示对遗体捐献者的崇高敬意。

前 言

为贯彻落实立德树人的教育理念,践行习近平总书记"把思想政治工作贯穿教育教学全过程"的教育方略,切实推进医学类专业课程思政的建设,湖北医药学院组织编写了这本《临床医学专业课程思政教学案例集》。

本书以《高等学校课程思政建设指导纲要》和《关于加强医教协同实施卓越医生教育培养计划2.0的意见》对医学人才的培养要求为指导,立足于临床医学专业课程思政的要求和需求,着眼于临床医学专业学生理想信念的塑造和职业素养、职业能力的培养,结合临床医学的特点和相关课程的知识点,对临床医学专业课程蕴含的政治认同、家国情怀、文化自信、医学人文素养、敬业精神、高阶思维能力、科学精神和国际视野等思政元素进行挖掘、分析和整理,为临床医学专业开展课程思政教学提供参考。

本书的编写力求突出针对性、典型性、价值导向性和实用性。素材的选择和案例的编写集中体现临床医学专业教育的本质要求,尽量选择医学发展中最为典型且思政元素多元化的人物和事件,并始终保持正确的政治立场,严格遵循党和国家培养社会主义建设者和接班人的要求。案例深入挖掘和分析了素材包含的思政元素,并标明可用于哪一门课程的哪一个具体知识点的教学,以及如何融入教学,有助于提高教师备课的效率、优化课程思政的育人效果。案例素材也可以用于医学院校思想政治理论课教学,使其更加贴近专业实际,最大限度地激发学生的学习兴趣,并提升学生用理论分析和解决实际问题的能力。

本书共有55个案例,分为医学史(15个)、医学人物(24个)、临床诊疗(8个)和医患关系(8个)四个大类。另有"大体老师"的案例放在开篇。医学史部分主要突出政治认同、家国情怀、文化自信、科学精神和医学伦理;医学人物部分主要反映家国情怀、敬业精神、科学精神和批判性思维;临床诊疗部分包括6个正确诊断的案例,以及2个误诊、漏诊的案例,主要凸显临床思维,特别是辩证思维能力和批判性思维能力的重要性;医患关系部分主要突出医学人文素养,包括职业责任、医学伦理、人文关怀、法治意识、沟通能力以及医学叙述能力等。"国际视野"的思政元素视具体素材而定,主要体现在医学史和医学人物类案例中。"大体老师"是捐献给医学教学和科学研究的遗体标本，不属于以上几类中的任何一类，但特别纯粹地体现了大爱无私的精神，是关于无私奉献精神和生命观教育的绝佳素材，也是临床医学生首先接受的关于专业和人文教育的主题，因此放在开篇，以示对遗体捐献者的崇高敬意。

本书的案例素材凡是参考了相关文献、资料的，都已标明了出处；没有标明出处的案例素材，都是编委成员在工作中收集的。编写团队由思想政治理论课教师、临床医学专业课教师和医学人文课程教师共同组成，编写过程中多次召开编委会议讨论研究。本书是集体智慧的结晶，每个案例都有相关课程教师的参与，为严谨起见，所有涉及临床诊疗的内容都由湖北医药学院附属国药东风医院郭昆全教授把关，所有涉及医学伦理、医患沟通等医学人文素养的内容都由湖北医药学院王茜教授审定。

本书的编写得到学校、医院等相关单位的大力支持，并得到教育部人文社科项目"基于医患会话语料分析的我国医生身份建构研究"（编号：16YJAZH056）的支持，还得到了湖北省人文社科重点研究基地——湖北医药学院卫生管理与卫生事业发展研究中心的资助，在此一并表示感谢。本书参考了诸多专家、学者的文章和资料，从中获取了大量宝贵的信息，此外，湖北医药学院尉迟光斌和赵国新两位老师对本书的编写提供了帮助，亦在此表示诚挚的谢意！目前，在临床医学专业中开展课程思政的教育教学实践还处于探索阶段，本书作为这方面的尝试，难免会有缺点和不足，恳切希望读者提出宝贵的批评和建议。

《临床医学专业课程思政教学案例集》编委会
2021 年 9 月

目 录

开篇　医学生的无语良师——"大体老师" ············· (1)
　　医学生的无语良师——"大体老师" ············· (3)
第一章　医学史案例 ············· (5)
　　1　中药的伟大成就 ············· (7)
　　2　中国古代疫病预防思想 ············· (9)
　　3　外科无菌术发展史 ············· (12)
　　4　人痘苗——现代免疫学开端 ············· (15)
　　5　吗啡的研究和应用史 ············· (17)
　　6　突触和神经递质的发现史 ············· (20)
　　7　青霉素的发明 ············· (23)
　　8　中国人的伤痛，人类的耻辱——日本731部队的活体实验 ············· (25)
　　9　中国人工合成牛胰岛素 ············· (28)
　　10　中国器官移植"第一例"背后的故事 ············· (31)
　　11　我国血吸虫病的防治 ············· (34)
　　12　二十世纪人类用药史的最大悲剧——"反应停事件" ············· (37)
　　13　幽门螺杆菌的发现 ············· (40)
　　14　中国参与人类基因组计划 ············· (42)
　　15　中国抗击新冠肺炎疫情 ············· (45)
第二章　医学人物案例 ············· (49)
　　1　"医圣"张仲景 ············· (51)
　　2　葛洪与《肘后备急方》 ············· (53)
　　3　近代解剖学之父——维萨里 ············· (56)
　　4　生理实验科学的创立者——威廉·哈维 ············· (59)
　　5　公共卫生医学的开拓者——约翰·斯诺 ············· (62)
　　6　细菌学之父——科赫与"科赫法则" ············· (65)
　　7　神经科学之父——拉蒙·卡哈尔 ············· (68)
　　8　心电图学之父——威廉·爱因托芬 ············· (70)

9	鼠疫斗士和中国公共卫生先驱——伍连德	(72)
10	国际主义战士白求恩	(75)
11	中国生物化学及营养学的奠基者——吴宪	(78)
12	中国生理学之父——林可胜	(80)
13	"科学公仆"汤飞凡	(83)
14	"万婴之母"林巧稚	(86)
15	我国微生态学奠基人——魏曦	(89)
16	我国现代生理学重要奠基人——冯德培	(92)
17	中国外科之父——裘法祖	(95)
18	人民医学家吴孟超	(98)
19	"糖丸爷爷"顾方舟	(101)
20	屠呦呦：一生只为青蒿素	(104)
21	中国微循环的领军人物——修瑞娟	(107)
22	无双国士钟南山	(110)
23	破译肿瘤密码的探索者——卞修武	(113)
24	人民英雄张定宇	(116)

第三章 临床诊疗案例 (119)

1	内科案例：亚急性甲状腺炎	(121)
2	内科案例：原发性血色病、继发性糖尿病	(125)
3	外科案例：急性阑尾炎	(129)
4	妇科案例：输卵管妊娠	(133)
5	儿科案例：支气管肺炎	(137)
6	内科急诊案例：急性亚硝酸盐中毒	(142)
7	内科漏诊案例：食管癌漏诊	(146)
8	外科误诊案例：囊性肾癌误诊为肾囊肿	(150)

第四章 医患关系案例 (153)

1	责任意识：患者术后药物过敏死亡	(155)
2	医学伦理：手术刀下的文化追问	(157)
3	人文关怀：一封医学生的感谢信	(159)
4	人文关怀：榆林产妇跳楼案	(161)
5	法治意识：泄露患者隐私引发纠纷	(163)
6	沟通技能之解释：与高血压患者的沟通	(164)
7	沟通技能之理解：因理解差异导致患者跳楼	(166)
8	医学叙事能力：人本主义下的平行病历	(167)

参考文献 (169)

开篇
医学生的无语良师
——"大体老师"

医学生的无语良师——"大体老师"

【案例呈现】

"解剖学"是医学生必须学习的一门支柱性专业基础课,而这门课使用的教学媒介,就是被称为"大体老师"的遗体标本。在我国,买卖死者遗体是违法行为,所以这些遗体标本主要来源于逝者及其家属的无偿捐献。遗体在捐献者过世8小时内被急速冷冻到-30 ℃保存,教学使用时再复温到4 ℃,让学生能在最接近真实的遗体标本上观察人体结构组织,进行模拟手术训练。所以,这些遗体既是医学生第一个手术的"患者",也是医学生的良师。在学习过程中,医学生们不仅能从这些遗体的躯体上掌握和丰富人体基本知识,更能感受"救死扶伤"的深刻内涵。因此,这些遗体标本被尊称为"大体老师",亦被称为"无语良师"。

我国长期的传统观念和民俗习惯在人们心中根深蒂固。"身体发肤,受之父母",群众对死后身体的"完整性"看得很重,因此,很多人不愿意捐献遗体。有调查显示,传统观念成为影响遗体捐献的首要因素。对于那些愿意捐献遗体的人来说,捐献遗体需要极大的勇气和奉献精神,这种行为是高尚人格的体现,他们的生命将以另一种形式存在。

捐献的遗体是医学科研、医学教学和临床应用的宝贵资源,它成就和发展了现代医学科学事业。2020年新冠肺炎疫情中,有91位逝者捐献遗体用于病理解剖,使我国快速对新型冠状病毒有了新的认识并指导临床用药,有效提高了救治率。这些英雄为我国乃至全人类的新冠肺炎疫情防控和医学进步做出了伟大贡献。对于医学生,捐献的遗体是他们学习人体结构的基本平台,也是他们接受人文素质教育的平台。在这里,他们将更加深刻地理解生命的意义,带着对生命的尊重和敬畏走向职业生涯。

【案例点评】

"大体老师"包含的思政元素如下:

(1)奉献精神。逝者将遗体无偿捐献出来用于医学研究和教学,用自己的身体为医学科学事业的进步作贡献,体现了纯粹的、大爱无私的奉献精神。

（2）生命价值观。"健康所系,性命相托",生命不可重来,在医疗过程中任何一点疏漏都可能带来不可挽回的后果,任何时候要对生命充满敬畏和尊重。生命只有一次,如何让生命更有价值？"大体老师"已经做了回答:虽然他们已经逝去,但他们的生命获得了另一种意义上的永生。

【教学建议】

本素材可用于"系统解剖学"课程绪论部分的教学,可以专门组织一次为"大体老师"默哀的仪式。

（隆娟　刘幸卉）

第一章
医学史案例

医学发展史也是文明、思想和科技的发展史。医学史素材不仅能让学生了解医学发展的过程，还包含了丰富的思政教育资源，如政治认同、家国情怀、文化自信，以及以探索、怀疑、求真、求实和推崇理性为特点的医学科学精神。本章一共有15个案例，包括人类发明青霉素、中国人工合成牛胰岛素等内容。它们都是人类，特别是中国医学史上的重大事件。将医学史案例用于临床医学专业课程思政教学，能够使学生坚定共产主义和中国特色社会主义理想信念，拥护党的领导，自觉将个人发展与国家和民族的命运联系起来，积极投身于祖国医疗卫生和健康事业的发展，并能在学习和工作中用科学的眼光看待健康和疾病，带着问题探索人体的奥秘，努力创造新的医学知识与技术，从而推动医学的进步。

1 中药的伟大成就

【案例呈现】

现代药理学是在药物学的基础上发展起来的。早在五六千年以前,人们就从生活经验中认识到,某些来自植物或动物的天然物质具有疗伤、治病作用,古代中国、古埃及、古希腊、古印度等记载、流传下来的一些治疗方法和药物至今仍然有用。中药是我国传统医学的主要组成部分,几千年来在保护我国人民身体健康方面做出了巨大贡献。

《神农本草经》(公元1世纪前后)是我国最早的一部药物学专著,影响深远。该书托名"神农"所作,实成书于东汉,历代均有修订和增补,愈臻完善。书中记载药物365种,不少流传至今,如饮酒止痛、大黄导泻、楝实祛虫、柳皮退热、麻黄止喘、海藻治瘿、常山截疟等。《神农本草经》用朴素的唯物论解释药物的作用,提出药物作用的"君、臣、佐、使"及"四气五味"等理论,一直沿用至今,是现代中医药学的重要理论基础。书中提及的许多药物,如人参、当归、麻黄、甘草、大黄等,在现代临床治疗中继续发挥着作用。

《新修本草》(唐,公元659年)世称《唐本草》,是我国第一部由政府颁布的药典,包括本草、药图、图经等共54卷,收录药物850种,书中还记录了用白锡、银箔和水银调配成的补牙填充剂,这也是世界医学史上最早的有关补牙的文献记录。《新修本草》是世界上最早的药典,比欧洲的《佛罗伦萨药典》和《纽伦堡药典》分别早839年和876年。它正式颁布之后就作为临床用药的法律和学术依据,对我国药学的发展起了推动作用,影响长达300年。

明朝李时珍的《本草纲目》(明代,公元1596年)是我国传统医药学的又一部伟大的经典著作。全书共52卷,约190万字,记载药物1892种,插图1160幅,药方11 000余条。其中,374种药物是李时珍新增的药物。《本草纲目》是几千年来我国药物学的总结,不论从严密的科学分类、还是从包含药物的数目和内容来看,都远远超过古代任何一部本草著作,促进了中国医药的发展。书中指出了许多药物的真正功效和毒性,如常山治疟、延胡索止痛,批判了"水银无毒"等说法。《本草纲目》于公元1596年出版后,引起了巨大的反响,得到了广泛的欢迎和传播,至今也是学习和研究中医药的必读书籍。《本草纲目》的伟大学术成就在世界范围得到了认可,从17世纪起,陆续被译成日、德、英、法、俄等五种文字,被誉为"东方药学巨典"。李时珍被公认为世界上对人类最有贡献的科学家之一。

从东汉的《神农本草经》到明朝的《本草纲目》，古人通过口尝身受、实际体验的方法，用朴素的唯物论解释药物的作用（以"四气五味"讲作用性质，以"归经学说"讲作用部位），并对药物进行筛选和评定，对药物的生态、形态、性味、功能和应用予以记载，在我国劳动人民与疾病的斗争中发挥了重要作用。

【素材出处】

百度百科：https://baike.baidu.com/item/新修本草/743437? fr=aladdin；https://baike.baidu.com/item/神农本草经/302460? fr=aladdin；https://baike.baidu.com/item/本草纲目/15342? fr=aladdin。（根据以上资料整理）

【案例点评】

本素材包含的思政元素如下：

(1)文化自信。以《神农本草经》《新修本草》和《本草纲目》等典籍为代表的古代药学，是中国传统文化的重要组成部分，是中国古人勤劳与智慧的结晶，很多药物在今天仍然发挥着重要作用。

(2)奉献精神。中药的发展离不开古代医者的努力和付出，如李时珍从小就树立了献身医学的远大志向，不畏艰辛，亲自上山采药，为了验证曼陀罗的药性，他还以身试药。他深入民间，博采众长，历经30余年，最终编成《本草纲目》。

(3)批判性思维。李时珍以前的时代长期有"水银无毒"的说法，认为水银是久服可成神仙的不老之药。李时珍通过调查，发现水银有毒，又根据六朝以来久服水银造成终身残疾的历史事实，驳斥了"水银无毒"的观点，体现了批判性思维。

(4)辩证思维。从中药生产看，无论是汤剂、颗粒还是胶囊，均按照中药"君、臣、佐、使"的原则炮制而成，针对症状及病症（包括季节、气候、饮食及患者体质等，而不只是外表病象）展开整体性、系统性的治疗，这是典型的辩证思维方式。

【教学建议】

本素材可用于"药理学"课程总论部分"药物与药理学发展史"内容的教学，由教师讲授，介绍我国中药发展的成就以及对全世界的贡献；也可用于"医学导论"课程"中国医学史概要"部分的教学，教师讲授。

（隆娟　董晓霞）

2　中国古代疫病预防思想

【案例呈现】

疫病是具有流行性与传染性的一类疾病,在古代文献中,"疫"与"瘟"的含义相同。瘟疫不仅严重危害了人类的健康和生命,还制约了社会发展,甚至导致国家灭亡。古代人民在同疫病抗争的过程中积累了丰富的疫病防治经验,形成了系统的学术理论和大量的临床经验,其中预防思想是中医学疫病防治的精髓。《周易》中就有"君子以思患而豫防之"的认识,我国第一部中医学经典著作《黄帝内经》也明确指出"圣人不治已病治未病,不治已乱治未乱",这种预防为主的思想在我国历朝历代疫病防治中具有重要的指导意义。

先秦两汉时期关于疫病的记载较多,包括《史记》《汉书》等史学巨著,以及《黄帝内经》《伤寒杂病论》等医学文献,都对疫病的名称、病因病机以及治疗有较多记载,在疫病预防方面也提出了具体措施及预防原则。《黄帝内经》已有关于疫病的病因病机、发病规律及防治等内容的记载,强调"正气内存"和"避其毒气",即人的机体正气旺盛则可抵御疫毒病邪侵袭,要远离传染源,避免疫病的传播和流行。这两个要点成为一直以来中医疫病预防的重要原则,也被历代医家所重视并发挥重要作用,成为千百年来中医学治疫、防疫的指导思想。张仲景的《伤寒杂病论》详细记载了东汉末年疫病肆虐的具体状况,阐述了疫病的病因病机、辨证论治等内容,是我国古代疫病防治的重要著作。2020年抗击新冠肺炎疫情中,发挥重要作用的"三药三方"中的清肺排毒汤、连花清瘟胶囊,都是以《伤寒杂病论》中的古代名方为基础研制而成的。张仲景将"养慎"作为疫病预防的重要措施,提出做到"五脏元真通畅",养护正气,则可健康。

两晋隋唐时期,由于人口大规模迁徙和水灾、旱灾等极端气候的影响,疫病频发,比先秦两汉和之后的五代、宋元时期都要严重。一些医学著作在疫病预防方面提出许多有效方药,用药途径有内服、外敷、鼻吸、佩戴、熏烧等。葛洪的《肘后备急方》是我国第一部临床急救手册,主要论述了内、外各科常见急性病症的诊治方法,尤其对急性传染病多有阐述。书中最早记录了天花的症状及治疗方法,还记载了很多防疫的方法。孙思邈的《千金要方》《千金翼方》总结了唐朝以前我国的医学成就,收录了许多药方,对疫病的病因病机、治疗及预防用药等均有详细论述。在药物预防方面,《千金要方》专列了36首辟温方,包括内服剂丸、口服屠苏酒、熏烧、涂抹、煮汤浴、佩戴等灵活多样的用药方法。

宋金元时期,社会相对稳定,医学也得到了迅速发展,这时期疫病发生相对较少,且政府成立了国家药局、太医局等多个医疗机构,开启了以政府为主导的疫病防治体系,不仅推进防疫药物的研制,还对防止传染病的传染和传播采取了隔离治疗、病尸掩埋与火化等有效措施,为疫病防治提供了强有力的支持;政府平时也比较注重预防,将预防疫病流行的药方传印成册供民众参考。从统治者到平民,已经能够积极主动地开展疫病防治工作,预防思想深入人心。

明清时期是我国古代疫病暴发的顶峰时期,这个时期,中医疫病理论也有了进一步的发展和完善,特别是以吴又可、戴天章、杨栗山为代表的瘟疫学派和以叶天士、薛生白、王孟英等为代表的温病学派的形成,极大促进了中医疫病理论的完善,同时也为疫病的治疗和预防提出了许多有效的方法。明末清初吴又可的《温疫论》是我国第一部疫病专书,指明瘟疫是自然界中独特的致病物质"杂气"所致,这是对疫病致病因素的一大创见。他还提出异气自口鼻而入,首犯膜原,治疗上创立梳利透达之法,自创方剂达原饮,这些都是中医疫病学的重要内容和标志性成果。清代以温病四大家确定的卫气营血辩证、三焦辩证理论体系为核心的温病学说的建立,更是包含了中医学长期以来与疫病抗争的丰硕成果。至此,疫病辩证理论体系达到较为完善的阶段。在预防方面,温病学家注重正气在疫病发病中的作用,强调调养正气预防温病。

在众多明清医家中,刘奎的《松峰说疫》在疫病药物预防、阻断传播途径等方面,提出了独到的见解和认识,在疫病预防方面独树一帜,丰富和发展了中国传统医学疫病预防的思想和方法。他认为疫病预防中要做到"正气内存",疫病防治要"避其毒气",还要截断病源,切断传播途径,控制传染;书中还提到,有些瘟疫与水源有关,建议将麻、豆投到井中或以贯众、苍术浸水饮用。在药物应用上,他明确指出用药时间,部分方剂明确了采药、制药和服药时间,重视熏烧、沐浴、佩戴、喷鼻等操作简便的外治法在疫病防治中的作用,为现代传染病预防提供了借鉴。

中国古代疫病的预防思想和有效措施在人类与疫病抗争过程中发挥了巨大作用,也为世界传染病防治做出了巨大贡献;它完全能够与现代医学防疫思想结合起来,最大化地发挥中西医各自的优势,为临床预防新发传染病提供新思路和新方法。

【素材出处】

魏岩、张文风:《中国古代疫病预防思想探析》,载《长春中医药大学学报》,2021,1:6-9。(根据以上文献整理)

【案例点评】

本素材包含的思政元素如下:

(1)奉献精神。防疫与治疫,都离不开医生。古代疫病防治思想的发展和成熟是一代代医学先贤在疫病中挺身而出,通过医疗实践总结出的宝贵经验,他们的担当精神、奉献精神是对医学道德的生动诠释。

(2)科学精神。这种科学的防疫思想的形成,是古人仔细观察、深入实践、努力探索的结果,离不开严谨求实、探索创新的科学精神。

(3)文化自信。古代防疫思想是中国人民几千年来智慧的结晶,是中华优秀传统文化的组成部分,直到今天(如抗击新冠肺炎疫情)依然发挥着重要作用,充分展现了中华文明的深厚底蕴,彰显了中华民族文化与科技的双重实力。

(4)辩证思维。中国古代医家强调预防的重要性,现阶段没有呈现的问题不一定今后不发生,"圣人不治已病治未病,不治已乱治未乱",坚持用动态的、发展的眼光看问题,对疫病的预防起了重要作用。

【教学建议】

本案例可用于"预防医学"课程绪论部分"预防医学与公共卫生发展简史"内容的教学,可由教师简单介绍,课后留给学生自学,让学生了解我国古代的疫病预防思想。

(隆娟　刘颖　高志婕)

3 外科无菌术发展史

【案例呈现】

如果说外科手术是刀尖上起舞的艺术,微生物则是生死攸关之间最可怕的存在,而无菌术的发明为患者带来了福音。19世纪中期前,人们对于手术完全没有无菌的意识,没有手术衣和口罩,不消毒,手术室里坐满了围观的人。手术室的英文表达为"operating theatre",足以说明它与剧院类似的设计。医生在正中央的手术台上工作,周围会有一群人观摩手术。伴随着患者凄厉的惨叫声,医生们在没有麻醉剂的情况下迅速完成手术,但治疗效果和术后存活率都难以保证。在伤口的处理上,当时采用了一种不可思议的方法:用烧红的烙铁封堵伤口。为了防止致命的感染,却把人体的组织烧死。

阻止这一幕继续上演的是匈牙利产科医生塞麦尔维斯(Ignaz Semmelweis)——世界上提出洗手预防产褥热的第一人。塞麦尔维斯在获得医学博士学位后,成为维也纳综合医院第一产科诊所的医生。他在任职期间,发现第一诊所里经过医生或者医学生接生的产妇,因产褥热死亡的比例高达13%~18%,而在第二诊所经过助产师接生的产妇,产褥热的死亡率只有2%。这个现象让塞麦尔维斯百思不得其解,直到有一天,他的一个朋友在解剖尸体时划伤了手指,表现出类似于产褥热的症状,没过多久便去世了。这让他突然意识到,产褥热的高死亡率可能与医生们在解剖完尸体后,不进行手部清洁便奔赴产房接生有关。为了验证这个想法,塞麦尔维斯专门设计了一个实验——比较负责接生的医生是否洗手对产褥热死亡率的影响。实验表明,如果医生在接生之前采用漂白粉(次氯酸钙)溶液洗手,产褥热的死亡率就猛降到2%。后来,他开始采用漂白粉清洗手术器械,这让产褥热的死亡率进一步降低到1%。

然而,塞麦尔维斯的思想太超越时代,很多人不理解甚至强烈反对,认为他是在污蔑医生、背弃医学信条。他因此事业受挫,不仅晋升被拒、被医院解雇,而且在维也纳医学界受到排挤。1850年,他心灰意冷地回到匈牙利,但依然不遗余力地宣传他的理论。他于1861年出版的《产褥热的病因、概念和预防》,也未被多少医疗机构采纳。由于长期承受巨大的压力,塞麦尔维斯逐渐出现异常行为,变得多疑、抑郁,甚至有暴力倾向。他的家人认为他失去了理智,将他送进精神病收治中心。1865年,他被收治中心的守卫殴打,两周后死于他自己竭力对抗的疾病——伤口感染引发的菌血症,年仅47岁。

就在塞麦尔维斯去世的同一年,英国医生约瑟夫·李斯特(Joseph Lister)为一个被马车撞成骨折的小男孩实施了一台手术,在把骨头接上以后,用亚麻籽油和石碳酸(苯酚)溶液浸泡过的绷带包扎伤口,再将受伤的左腿固定。之后每隔一段时间就重新包扎伤口,6周后,小男孩的骨折痊愈了,手术获得成功。李斯特之所以会想到用石碳酸浸泡过的绷带包扎伤口,是受了巴斯德关于酿酒酵母的启发,他认为防止术后感染的最好方法,就是在细菌进入伤口之前把它消灭。之后,李斯特又开展了很多例石碳酸消毒处理的外科手术,并于1867年将自己的研究成果发表在《柳叶刀》上。然而,他的理论一开始并没有受到医学界的欢迎。直到普法战争期间,普鲁士军队用李斯特的理念处理伤口,效果要比未采用这种理念的法国军队好得多,李斯特的理论才得到认可,他本人也因此获得了普鲁士的最高勋章。

1886年,德国伯格曼首先采用了热蒸汽为手术器械和敷料消毒;1890年,美国哈斯特发明了橡皮外科手套,75%的酒精等灭菌剂也取代了有腐蚀性的石碳酸,现代消毒法逐渐形成;1946年,英国科尔布鲁克等人开发出手术室空气净化系统,能减少空气中的细菌;1966年,世界上第一间层流洁净手术室在美国的巴顿纪念医院设立。随后,各个国家的洁净手术室先后建成,我国的洁净手术室也在80年代开始出现。如今,从手术环境到手术器械,从流程设置到实际操作,无菌术已经贯彻到手术的方方面面。

【素材出处】

冯琦、唐金陵:《欧洲产褥热流行调查与控制:被忽略的流行病学先驱塞麦尔维斯》,载《中华流行病学杂志》,2017,8:1136-1139;谭昭麟:《外科手术两大基石——麻醉与无菌》,载《食品与健康》,2020,2:17-20。(根据以上文献整理)

【案例点评】

外科无菌术发展史包含以下思政元素:

(1)科学精神。术前消毒对于预防手术感染是非常关键的,塞麦尔维斯能够发现这一点,有赖于他仔细的观察和严谨的实验,这体现了严谨求实的精神;他超越时代的思想不被理解,他本人也因此遭受重大挫折,但他始终坚持并宣传自己的观点,这种不盲从、不迷信权威的客观理性精神令人敬佩;李斯特用消过毒的绷带给小男孩包扎伤口,而不是按照传统的方法来治疗,让患儿的伤口很快愈合,这是用新技术解决老问题的做法,体现了探索创新的精神。

(2)奉献精神。人类文明的历程总是在曲折中前进的,这个过程中,新旧理念的交替必然包含各种斗争和牺牲,正是由于塞麦尔维斯和李斯特等人的努力和奉献,科学理性才最终战胜了蒙昧无知。

【教学建议】

本素材可用于"医学微生物"课程"消毒与灭菌(医院感染)"内容的教学,由教师讲授,说明消毒与灭菌技术的重要性;也可用于"外科学"课程"无菌术"以及"外科感染"内容的教学。

(隆娟 位秀丽 罗强)

4 人痘苗——现代免疫学开端

【案例呈现】

天花曾肆虐全球，夺去无数人的生命。1980年5月，世界卫生组织宣布成功消灭天花，这也是最早被彻底消灭的人类传染病。在人类与天花病毒的斗争中，我国最早发现天花的传染性并开创性地接种人痘苗预防天花。这个方法经古代丝绸之路推广至海外，启发了牛痘苗的发明，为人类消灭天花开创壮举，是中国古代的一项世界性发明，体现了我们古代先进的科技文化，是现代免疫学的先驱。

天花大约在汉代传入我国，在唐朝后流行日益广泛，成为危害严重的流行病。唐朝以前的医家对天花病毒的症状、危害有了较为正确的描述，对天花的预后也有了初步认识。晋代葛洪在《肘后备急方》中记载了一次暴发流行的天花；隋朝医家巢元方在《诸病源候论》中记录了天花患者的表现，并提出可能是伤寒致病的假说；孙思邈提出天花是一种传染病。宋元时期，人们对天花、水痘、麻疹等疾病加以区分，并进一步认识到天花的传染性，提出了一些判断天花预后的方法。明清时期，人们对天花的免疫有了明确的认识，并根据天花出痘的时间、部位、颜色和形态等，对感染天花的预后有了较为准确的判断。更重要的是，人们观察到一个村落天花患者症状相似、每个人一生只会出一次天花、患病以后机体具有免疫能力、下次天花流行时不再感染等情况，明确了天花的传染性和可预防性，这些对天花的认识为人痘接种术的发明奠定了基础。

中国预防天花的人痘接种术最早可能在宋代就已出现，明代已形成科学的接种方法，包括辨认天花病毒毒性强弱、筛选毒力弱的表达株、减轻病毒的毒力等，而这些方法都蕴含着现代免疫和微生物学理论。这种减毒方式通过连续接种获得"熟苗"，提高安全性，与现代疫苗中传代培养获得减毒活疫苗的方法一致。人痘苗接种方法也不断改进，主要有"痘衣法"和"鼻苗法"两种，其中"鼻苗法"符合天花通过呼吸途径传播的特性，相当于自然感染的隐形感染，免疫效果好。人痘接种术从选痘苗、培育痘苗到接种痘苗都充分展现了现代免疫理论。康熙年间，老百姓都害怕出天花，康熙皇帝知晓人痘接种术并大力推广，接种后便"皆无恙"；非常多的医书也记载人痘苗达到了"百不失一"的程度，证实了人痘接种术的安全有效。

中国的人痘苗接种术对外传播，启发了牛痘苗的发明。明清时期，这个接种术日臻成熟，往来于丝绸之路上的中国和阿拉伯商人可能充当了传播媒介，传播了人痘接种术。18世纪早期，这个技术又通过英国驻土耳其公使夫人传到英国，并在1722年天花疫情中发挥了非常重要的作用。

18世纪末,英国医生詹纳(Edward Jenner)发明了"牛痘接种法"。当英国全国推行人痘接种术的时候,在乡村行医的詹纳兼做人痘接种工作。一位挤奶女工告诉他,自己因为感染过牛天花、在手上长过痘疤,因此不需要再接种人痘时,詹纳的脑子里突然闪过了一道亮光:是否能用牛痘代替人痘进行接种呢?1796年,他在男孩菲浦斯身上试种牛痘成功。然后,更加安全的牛痘接种法取代了人痘接种法,并随着英国殖民者的足迹传到了全世界。现代人马伯英曾经对人痘苗与牛痘苗的有效保护性和安全性进行了回顾性调查,接种人痘苗成功率为97.4%,接种牛痘苗成功率为96.6%,而未接种牛痘苗或人痘苗的27例中有24例患天花并留下后遗症,可见,种痘可明显预防天花,且种人痘苗与种牛痘苗无显著差异。

中国古人发明人痘苗已有几百甚至上千年的历史,并且启发了牛痘苗的发明,为世界范围内消灭天花做出了杰出的贡献。这种接种疫苗预防传染病的方法,也是现代免疫学的开端。

【素材出处】

马伯英:《中国的人痘接种术是现代免疫学的先驱》,载《中华医史杂志》,1995,3:139-144;马伯英、邝丽诗:《中国的人痘与牛痘——纪念詹纳发明牛痘200周年》,载《科学》,1997,3:48-52。(根据以上文献整理)

【案例点评】

本案例包含以下思政元素:

(1)文化自信。中国古人用智慧和探索发明了人痘苗,为天花的预防、牛痘苗的发明做出了重大贡献,展现了中国古人非凡的智慧和传统医药的巨大魅力。

(2)科学精神。古人通过观察明确了天花的传染性和可预防性,并创造性地用减毒法培育出疫苗,蕴含和体现了现代免疫和微生物学理论,体现了客观理性精神;中国古人培育疫苗,詹纳受到人痘接种术的启发,发明了牛痘苗,实现了人类历史上第一次真正意义上的使用生物科技制品疫苗来防治疾病,这些都说明了探索创新精神的重要性。

(3)辩证思维。病毒危害人类健康,但通过人工减毒、灭活等方法制成疫苗,又可以预防病毒的传染,利用病毒进行利害转化的实践体现了辩证思维。

【教学建议】

本案例可用于"医学免疫学"课程绪论部分的教学,也可用于"预防医学"课程传染病预防与控制部分"免疫规划"内容的教学,由教师介绍。

(李平飞　高志婕　刘颖)

5 吗啡的研究和应用史

【案例呈现】

吗啡来自阿片,阿片俗称"鸦片",即民间所说的"大烟""烟土",源自罂粟类植物。罂粟果的白色汁液在空气中氧化、风干成棕褐色或黑色膏状物,即为生阿片,再经简单加工便可制成大烟。吗啡在阿片中的含量为4%～21%,平均含量为10%左右。1806年,德国化学家泽尔蒂纳首次将吗啡从鸦片中分离出来,一开始,他以狗为实验对象做测试(后来所有实验对象均死亡),然后他又在自己和三个男孩身上做实验。最终他将这种新的化合物记录下来,表示它和鸦片类似,能够缓解疼痛、引起兴奋,但是过多的剂量会导致焦虑(厌恶)感、呼吸抑制、恶心、呕吐、咳嗽反射抑制,他还发现这种成分在抑制疼痛方面的效力将近鸦片的十倍。后来他用希腊梦神 Morpheus 的名字将其命名为"吗啡(morphine)"。

随着吗啡的药效和作为药物的潜力被制药公司发现,吗啡的商业生产在19世纪中期出现并迅速发展。它被宣传为鸦片的替代品,在战争期间被用于缓解士兵的疼痛和腹泻。然而,那些在战争期间被注射吗啡的士兵回到社会后,出现了上瘾依赖的症状,"士兵病"成为吗啡依赖症状的绰号。此外,吗啡和皮下注射工具开始大量出现,引起了又一次毒品大流行并席卷了整个社会。世界各国政府迅速通过了严格的法律(如美国国会1914年通过的"Harrison Narcotics Act")来限制吗啡的消遣式使用。大约60年后,美国国会于1970年通过了更严格的法案"Controlled Substance Act",规定没有处方而持有吗啡的人将面临巨额罚款,甚至可能坐牢。

海洛因,吗啡类毒品的总称,是以吗啡生物碱作为合成起点得到的半合成毒品,俗称"×号""白粉""白面",是阿片毒品系列中的精制品。1874年,英国伦敦圣玛丽医院的化学家莱特(R. Wright)在吗啡中加入醋酸酐等物质,首次提炼出镇痛效果更佳的半合成化衍生物——二乙酸吗啡,这就是最早合成的海洛因。该化合物之后被送到英国曼城欧文斯学院(Owens College)进行研究,用以实验的动物有惊恐、瞌睡、瞳孔放大、大量流口水、欲吐的迹象,呼吸先加速然后舒缓,心跳减弱或不正常等,但这些并未引起注意。1897年,德国拜耳(Bayer)药厂化学家霍夫曼(Felix Hoffmann)将海洛因制成药物,其止痛效力远高于吗啡,至少提高了4～8倍,可明显抑制肺痨患者的剧烈咳嗽、久喘和胸痛,促进患者情绪安定,且无明显不良反应。1898年拜耳药厂开始规模化生产该药,并正式注册商品名为"海洛因"

(heroin),该名称或许源自德语"heroisch"一词,意为"女英雄"。

1898年,该药以"不会上瘾的吗啡"之名上市,其后更曾用作儿童止咳药。拜耳公司很快就发现海洛因并不只是能治咳嗽,后来,他们建议在治疗疼痛、抑郁、支气管炎、哮喘甚至胃癌时都可以使用海洛因,以至于在当时人们了解的疾病中,只有很少几种不在海洛因的适用范围之内。那不勒斯精神病院的大夫给患者们开海洛因,记录说"有持久的镇定作用""甚至有几个痊愈的病例";俄国精神病医生用海洛因驱散"灵魂的痛苦";甚至登山俱乐部都建议俱乐部成员在登山前服用此物,因为它能使呼吸更为顺畅,能让他们登得更高。

海洛因作为商品出售给商家带来了巨大利润,1902年海洛因的利润占整个药品行业的5%,这在一定程度上得益于拜耳公司的营销手段。公司给全世界的医生免费发放海洛因试用品,委托一些专家做带有宣传海洛因神奇疗效的研究。在这些人员的研究记录里,海洛因仅仅具有昏沉、晕眩和便秘这些微不足道的副作用。拜耳公司甚至在《德国医生报》的广告中公开要求医生们用"公认的出色的"海洛因医治吗啡成瘾,称海洛因是吗啡的下一代产品,并且不会让人上瘾。但事与愿违,人们很快就发现海洛因比吗啡的水溶性更大、吸收更快、脂溶性也较大,更容易通过血脑屏障进入神经中枢发挥作用;更严重的是,它的成瘾性更强。海洛因对个人和社会的危害,已远远超过其医用价值。1910年起,各国取消了海洛因在临床上的应用;1912年在荷兰海牙召开的鸦片问题国际会议上,与会代表一致赞成管制鸦片、吗啡和海洛因的贩运。1924年,美国参众两院立法禁止进口、制造和销售海洛因。1953年,首先发明了海洛因生产工艺的英国也将它从《英国药典》中删去。

海洛因已成为当今世界滥用最为广泛的毒品,在所有毒品中,涉及海洛因制造、走私、滥用的毒品犯罪案高居首位,它被称为"世界毒品之王",为联合国认定的一级管制毒品,也是中国监控、查禁的主要的毒品之一。需要特别指出的是,海洛因作用机制远不明确,迄今尚无任何有效的戒除方式,其复吸比例极高,一旦沾染,几无可能戒除。

【素材出处】

百度百科:https://baike.baidu.com/item/吗啡/248641? fr=aladdin。(根据以上资料整理)

【案例点评】

本素材包含以下思政元素:

(1)家国情怀。19世纪,殖民者向中国倾销大量鸦片,掠夺了大量财富,并发动鸦片战争,中国人民开始了一百余年的屈辱史、苦难史。个人与国家的命运是紧密相连的,只有国家强大了,人民才能过上安稳、幸福和有尊严的生活。

(2)法治意识。吗啡类药品的使用要严格按照相关管理规定和医疗单位的相关流程,确保合法、安全、合理地使用。要远离毒品,增强自我保护意识。

(3)辩证思维。吗啡类药品具有双重性:正确合理地使用能解除病痛、造福人类;管理或使用不当,药品就会变成毒品、害人害己。我们要用辩证思维把握此类药品利害关系的转化。

【教学建议】

本素材可用于"药理学"课程"镇痛药"内容的教学,由教师讲授。

(董晓霞　梅建伟)

6 突触和神经递质的发现史

【案例呈现】

在十九世纪的生物与电生理学界中,神经细胞之间如何传递信息一直是众人热议的一个主题。神经细胞内部的电子活动在当时早已为人们所熟知,因此许多人都认为,细胞之间的信息传递也应该是通过电子信号进行的。早在1846年,被称为电生理学之父的德国生理学家、动作电位的发现者雷蒙德(Emil DuBois-Reymond)就曾经提出一个主张,认为神经细胞之间可能存在着空隙,除了电子传递方式外,也有可能以化学传递的方式来越过神经细胞之间的空隙。但当时他并没有拿出任何证据,因此他的化学传递主张很快就被大家遗忘。

英国生理学家谢灵顿(Charles Scott Sherrington)在实验室得到几项重要发现,也对"电传递假说"提出质疑。比如,当时已经知道动作电位总是由一个细胞的轴突往下一个细胞的方向前进,而不会往反方向传递。如果细胞之间真的是用电子信号来传递信息,那么本身不具方向性的电子活动,应该也会导致反方向的动作电位,但为什么人们从来没有观察到这个现象呢?其次,当时已知存在着"兴奋型"和"抑制型"两种神经细胞作用,如果神经细胞之间真的是使用电子信号作为传递方式,那么由于电位改变和传递的方式在每个细胞上都一样,其造成的效果应该只会有兴奋型或抑制型的其中一种才对,为什么会产生两种不同的神经传递效果呢?再者,神经生理学家观察到信息在细胞之间传递时,会出现明显的延迟现象。如果真的是以电子信号作为细胞间的传递方式,应该不会出现明显的延迟才对。鉴于此,谢灵顿于1897年正式提出了"突触"这个概念,认为突触是神经细胞之间传递信息的一个调控关键,而且很有可能是通过化学方式进行调控的。

1921年,生理学家奥托·勒维(Otto Loewi)终于在睡觉时梦到一个想法,并通过实验证实了化学突触的存在。一天晚上,勒维在梦中想到了一个验证化学突触的绝妙实验,他在半睡半醒之间,迷迷糊糊地在笔记本上写下实验的想法,然后就倒头继续呼呼大睡。隔天起床,他兴高采烈地准备动手做实验,却发现自己看不懂昨晚胡乱记下的笔记内容。维勒懊悔不已,没想到,当天晚上他竟然又做了一模一样的梦。这一次,他没有再错失良机,趁着梦中的想法依然清晰,直接冲到实验室进行实验。

他的实验方法非常简单、明确,就是取出两只青蛙的心脏,然后把依然跳动的心脏放在生理盐水中。其中一颗心脏,依然带有迷走神经,另一颗心脏则没有。

勒维通过电流刺激带有迷走神经的心脏,使其跳动变慢,然后取出该心脏周围的液体并倒入另外一颗心脏所处的容器。结果发现,另一颗心脏的跳动也变慢了。由此可知,第一颗心脏受刺激后产生了某种化学物质,这些化学物质流入心脏周围的生理盐水中,因此当这些生理盐水接触到第二颗心脏时,第二颗心脏的跳动才会变慢。这就是著名的"双蛙心灌流实验",它证实了化学突触的存在。不过,一直到1954年,突触才真正第一次被人们在电子显微镜下观察到。

实验中,迷走神经末梢释放出来的物质,维勒将其命名为"迷走神经素",这就是我们现在熟知的神经递质。但它究竟是什么呢?接下来的五年,勒维一直在努力地探索,直到1926年,他才用各种方法证实,这种"迷走神经素"就是乙酰胆碱。1929年,英国伦敦皇家医学研究所戴尔爵士(Henry Hallett Dale)在牛和马的脾脏提取液中发现了一种物质,其药理作用和化学性质与乙酰胆碱非常相似,戴尔预测这就是乙酰胆碱,是动物机体内的一个正常组成部分。1932年,我国生理学家张锡钧与英国盖得姆爵士(J. H. Gaddum)合作发明了用蛙的腹直肌定量测定乙酰胆碱的方法,由此人们才验证了牛、马脾脏提取液中的物质就是乙酰胆碱,戴尔的预测得到证实。1936年12月12日,戴尔和勒维由于研究神经冲动化学传递方面的出色成就分享了该年度诺贝尔生理学或医学奖。

乙酰胆碱的发现拉开了神经递质发现的序幕,随后人们又陆续发现了去甲肾上腺素、5-羟色胺、γ-氨基丁酸、甘氨酸、谷氨酸等多种神经递质,从而极大地促进了生物化学,尤其是神经化学的发展。

【素材出处】

房芳、韩非、鲁亚平:《乙酰胆碱作为化学突触递质的发现简史》,载《中学生物学》,2016,9:3-4。(根据以上文献整理)

【案例点评】

本素材主要包含以下思政元素:

(1)科学精神。在很多人都相信"电传递假说"时,雷蒙德提出了不同的主张,谢灵顿对"电传递假说"提出了质疑,并提出"突触"概念,勒维更是用巧妙的实验证实了突触的存在。他们不盲从,努力追求事物的本质,体现了客观理性的科学精神。勒维发现迷走神经末梢释放某种物质,经过5年的探索,才证实这种物质就是乙酰胆碱,与他严谨求实的精神是分不开的。

(2)批判性思维。谢灵顿根据自己的发现,对"电传递假说"产生了质疑,最终提出"突触"是神经细胞之间相互传递信息的调控关键。正是这种批判性思维,推动了科学的发展。

【教学建议】

本素材可用于"生理学"课程神经系统的功能部分"神经系统功能活动的基本原理——神经递质与受体"内容的教学,由教师讲授。

(隆娟　张志锋)

7 青霉素的发明

【案例呈现】

青霉素的发现者是亚历山大·弗莱明（Alexander Fleming）。1881年，弗莱明出生于苏格兰西部洛奇菲尔德的一个农民家庭，一本《生理学基础》使年幼的他对医学产生了浓厚的兴趣。但因为家庭贫穷，他不得不进入苏格兰军团服役。20岁那年，弗莱明意外继承了一笔来自亲戚的遗产。通过考试，他凭借第一名的成绩，进入圣玛丽医学院学习。弗莱明优异的表现吸引了年轻助教弗里曼的关注，经他推荐，弗莱明为著名的防疫学教授赖特担任实验助手，转而研究细菌学。也许，全人类都应该为弗莱明的这个决定感到庆幸。

1928年的一天，弗莱明偶然间发现一批接种了金黄色葡萄球菌的培养皿因为没有及时处理，长出了青色霉菌。在青色霉菌周围，葡萄球菌竟然消失了，而青色霉菌以外的葡萄球菌依然生长旺盛。弗莱明马上敏感地意识到，一定是青色霉菌分泌了某种物质，从而抑制了葡萄球菌的生长。经过实验，他很快发现具有杀菌作用的是特定青霉菌的变种——过滤后的青霉菌培养液不仅能杀死葡萄球菌，还能杀死链球菌、白喉棒状杆菌等多种病原菌。更令他兴奋的是，这种具有很强杀菌能力的物质对实验动物不会造成任何损害，他将这种杀菌物质叫作"盘尼西林"。1929年，弗莱明发表了那篇著名的论文——《关于霉菌培养的杀菌作用》。

发现青霉素之后，弗莱明着手进行提纯工作，然而这项工作困难重重。首先，青霉素的产量非常低——为了得到一小瓶澄清的滤液，弗莱明和他的助手们不得不过滤几十公斤培养液；其次，青霉素的性质极不稳定，一遇热就失活。因此，青霉素研究看起来前景黯淡。因为没有人支持，弗莱明只能自筹经费坚持研究，但进展甚微。1932年，弗莱明坚持不下去了，他转而研究在当时看起来更有价值的药物——磺胺。

因为第二次世界大战，青霉素在被搁置8年后重新被人提起。在各国都急需战争药品的情况下，牛津大学的弗洛里（Howard Walter Florey）和钱恩（Ernst Boris Chain）开始探索强力的杀菌物质。他们查到了1929年弗莱明的那篇文章，并决定用新的方法提纯。擅长化学的钱恩经过反复试验，通过冷冻、干燥将青霉素水溶剂的温度降低，成功萃取了褐色的青霉素粉末。这种粉末的化学性质不仅十分稳定，其抗菌能力比当时最强的磺胺还高20倍。1940年，青霉素的动物实验和临床实验都成功了，为此，年近60的弗莱明还登门致谢，感谢这两位年轻人为青霉素的诞生发挥了临门一脚的作用。

当时英国陷入不列颠空战,在纳粹的威胁下,青霉素研究显得岌岌可危。于是,它被带到了反法西斯同盟国之一的美国,以保证大规模生产。它在临床应用中把肺炎患者的死亡率从过去的18%一次性降到了1%。在见识过青霉素的威力之后,美国人在1942年就把青霉素生产提到了战时重要生产的第二位,而排名第一位的是制造原子弹的"曼哈顿工程"。1943年,弗洛里和美国军方签订了青霉素生产合同,这个举动让无数原本需要截肢,或可能死于坏疽病的士兵重返战场,迅速扭转了战局。1944年,青霉素的供应量已经足够治疗二战期间所有参战的盟军士兵。

作为世纪神药,青霉素的发明是人类在战胜感染性疾病方面取得的里程碑式的进展。1945年10月,弗莱明、弗洛里和钱恩共同获得了诺贝尔生理学或医学奖,他们的获奖理由是发现青霉素及其对各种传染病的疗效。这是二战期间与原子弹、雷达相提并论的三项重大发明之一。值得一提的是,无论是弗莱明还是弗洛里,他们都没有为青霉素申请专利。弗莱明说:"为了我自己和一家人的荣华富贵,而有意无意地去危害无数人的生命,我不忍心。"弗洛里则说:"我认为知识和科学发现本应为人类所共享,申请专利只会影响青霉素的总产量。"

【素材出处】

谭昭麟:《青霉素传奇》,载《食品与健康》,2020,10:18-20;《弗莱明的故事》,载《中国科技奖励》,2020,2:77-78。(根据以上文献整理)

【案例点评】

弗莱明等人发明青霉素的事迹包含以下思政元素:

(1)科学精神。"机会总是留给有准备的人",弗莱明发现青霉素的过程看似偶然,实则与他认真、细致的工作态度是分不开的,正如他在获奖后的演讲中所说:"我唯一的功绩在于,我当时没有忽略这项观察。"

(2)创造性思维。青霉素提纯难度大,弗莱明研究了好几年也没有结果,钱恩使用了新的方法,成功萃取了青霉素,足见创新思维在科学研究中的重要性。

(3)淡泊名利。青霉素对各种感染性疾病有很好的疗效,经济利润巨大,而弗莱明和弗洛里拒绝申请专利,在他们眼中,人类的利益比个人名利重要得多。

【教学建议】

本素材可用于"药理学"课程β-内酰胺类抗生素部分"青霉素"内容的教学,可由教师介绍,也可提前安排学生介绍。

(梅建伟　董晓霞)

8 中国人的伤痛,人类的耻辱——日本731部队的活体实验

【案例呈现】

2021年6月4日,侵华日军第731部队罪证陈列馆给中国历史研究院官方微博提供了珍贵的日文"蒸干实验"原文罪证,731部队对中国人进行"蒸干实验",铁证如山!该资料出自日本作家森村诚一的著作《恶魔的饱食》,森村诚一在采访日本老兵时,发现了日本731细菌部队在中国的犯罪事实。此后,他多次在中国和日本调查取证,发表了《恶魔的饱食》,在日本引起了强烈震动。

所谓"蒸干实验",是将活着的"马鲁太"(又名"马路大",是731部队对被迫接受人体实验的受害者的侮辱性称呼。在日语中意为"圆木",引申意思为"试验品")绑在椅子上,然后再放进高温干燥室里。"随着时间的流逝,'马鲁太'体内的水分一点点地都被烤干了。不到15个小时,'马鲁太'体内再没有一点水分可以渗出来了……变成了一具干巴巴的木乃伊……把它放在秤上一称,干尸的重量,只有活着时的22%……实验证明,人体内含有的水分为78%。"

731部队的恶行,是日本法西斯阴谋发动细菌战、进行种族灭绝的主要罪证之一。其中的非人实验包括人体活体解剖、手榴弹炸人、冻伤、火焰喷射器烤人、鼠疫、人畜杂交等,其罪状数不胜数。

在简陋的解剖室里,他们从活着的人身体中,掏出五脏六腑做成"标本",最后将这些新鲜的内脏分发到各个班——它们已经被各个研究班预订了。活体解剖,大致有两个目的:第一个目的是采集标本,人患传染病时,心脏是否会肥大,肝脏是否会变色,在人活着的时候,查明各个部分的变化情况,解剖活体是最"理想的"方法;第二个目的是研究"马鲁太"服用一种药物后,随着时间的推移,与此有关的内脏发生的各种变化。无数无辜的中国人被当成实验品肆意解剖,血喷得满地都是,实验室中充斥着尖叫声和血腥味,甚至连婴儿都无法逃过。1943年的某一天,他们把一名中国少年带进了解剖室,少年并没有抗日的行为,解剖他只是为了取得一个健康的男性少年的内脏,因此,这个少年就活活地被解剖了。

731部队把所有研究出来的细菌都用在活人身上,包括梅毒、淋病、伤寒、鼠疫的致病菌等,都是高传染性和高危害的病菌。他们将鼠疫耶尔森菌混入墨汁,写出传单,利用传单方法散布细菌。为了研究细菌对不同人群的效果,731部队还用孩子做实验,无数的孩子因此丧命,没有死的要么残疾,要么畸形,最后只有两个下场:解剖和焚化炉。此外,他们还向俘虏吃的馒头里注射病菌;在糖水中加入伤

寒杆菌,强迫俘虏喝下去;给老鼠注射鼠疫菌,然后放入跳蚤,让它吸老鼠身上的血,大量繁殖鼠疫跳蚤,在牢房里放鼠疫跳蚤,结果那些牢房里一个活人都不剩。囚犯中还有不少女性,甚至有母亲带着没有断奶的孩子。京都大学教授田部井和研发出了细菌炸弹,并开始研究如何造成大规模感染,每次实验都需要用10名以上的囚犯。

为了研究冷冻对人体的伤害,731部队的吉村寿人做了活人冷冻实验。吉村对别的民族(包括中国人、满洲的蒙古人和鄂伦春人)进行过冷冻实验,同样也对100多名旅满日本学生(18岁至28岁)和中国劳工进行过活体实验。为了对不同年龄层的差别进行调查,他对7岁至14岁的中国小学生也进行过活体实验。更令人感到震惊的是,他还进行过把出生第三天、一个月和六个月的婴儿的中指放进冷冻水中浸泡30分钟的活体实验。在严寒的条件下,他们把中国人从监狱中带出来,空手站立,用人造风(电扇)吹,使手冻伤,然后用一支小棍不断敲打冻伤的手,直到能够听到像敲打小板时的声音。被用来实验的人很快双手变黑,没有手指,或者手指还在,却已经露出白骨。

梅毒等性传染疾病对军队的杀伤力非常大,731部队经常进行性病实验。他们强迫受害者通过性途径传播病毒,受害者被感染后,在不同阶段被活体解剖,从而随着疾病的进展可以观察到内部和外部器官的变化;女人被迫怀孕用于实验,梅毒垂直传播(母亲传给孩子)是研究的重点,很多女性被强奸怀孕后甚至被活生生地剖开。

更令人气愤的是,731部队的核心人物并不是军人,而是知识精英。几乎所有的日本顶级学府都向731部队输出过人才,因为能拿到巨额报酬。日本帝国主义在中国犯下的滔天罪行罄竹难书,给中国人民带来巨大的灾难和伤害,日本的知识分子罔顾人伦,与禽兽无异,这是人类历史上的奇耻大辱。铭记历史,才能避免历史重演。

【素材出处】

观察者网:《日本原文罪证披露731部队惨无人道的"人体蒸干实验"》,2021-06-06,http://www.yidianzixun.com/article/0UrcijaB。(根据以上资料整理)

【案例点评】

本案例包含以下思政元素:

(1)道德伦理。成功的实践应该是真理与价值的统一,日本的医学精英打着"研究"的幌子,用中国人做活体实验,是典型的违背人道和伦理的行为,是完完全全的反人类罪行。这是中国人永远的痛,也是整个人类的耻辱。

(2)生命价值观。他们将鲜活的生命当作原木一样的试验对象,缺乏对生命基本的尊重和敬畏。

(3)家国情怀。"覆巢之下,焉有完卵?"一个国家处于侵略者的铁蹄之下,她的人民必然会被奴役、被践踏、被蹂躏。个人命运与国家和民族的命运是息息相关的,我们只有发奋图强、努力学习、报效祖国,才能把祖国建设得更加强大,从而避免重蹈覆辙。

【教学建议】

本素材可以用于"医学微生物"课程动物源性细菌部分"鼠疫耶尔森菌"内容的教学,教师以简单讲授方式插入,在致病性和流行特性方面融入,并安排学生课后搜集"731部队活体实验"的资料。

(梅建伟　位秀丽)

9　中国人工合成牛胰岛素

【案例呈现】

人和动物的胰脏内有一种岛形细胞,分泌的激素叫胰岛素,具有降低血糖和调节体内糖类代谢的功能。胰岛素的分子具有蛋白质所特有的结构特征,被公认为典型的蛋白质。蛋白质是生命体内不可缺少的物质,人体内蛋白质约占三分之一,其总量仅次于水。生命活动主要靠蛋白质来体现,因此,蛋白质研究一直被喻为破解生命之谜的关节点,而攻克人工合成蛋白质成为各国科学家的一个重要研究课题。1953年,英国生物化学家桑格(Frederick Sanger)宣称破译出牛胰岛素的全部结构——由17种、51个氨基酸组成的两条多肽链,这是人类第一次搞清一种重要蛋白质分子的全部结构,他因此获得1958年的诺贝尔化学奖。

我国的牛胰岛素研制工作始于1958年8月。当时中国没有任何蛋白质合成的经验,连胰岛素配套的17种氨基酸都需要进口。欧美国家对我们进行了封锁,苏联也因为中苏关系恶化撤走援华专家,一切都要从零开始。科学家们克服重重困难,进行了艰苦的创造性的研究。1958年12月底,人工合成牛胰岛素项目正式启动,上海生物化学研究所、中国科学院上海有机化学研究所、北京大学化学系有机教研室合作开展研究。几个单位分工,各自带领一批人分头探路。

胰岛素分子由A、B两条链组成,A链有21个氨基酸,两条链通过两个二硫键连在一起。胰岛素分子还具有空间结构,可以整齐地排列起来形成肉眼可见的结晶体。人工合成牛胰岛素,首先要把氨基酸按照一定的顺序连接起来,分别组成A链、B链,然后把两条链连在一起,这是一项复杂且艰巨的工作。按照分工,有机化学研究所和北京大学化学系负责合成A链,生物化学研究所负责B链,并且在周密研究的基础上确立了合成牛胰岛素的程序。然而,当时普遍存在的急于求成的心理和三年自然灾害都对研究的开展产生了不利影响,大兵团合作告一段落。

1963年,中科院再次开始这项研究,并且将研究人员精简到20多人。在以后的几年里,20多位科学家废寝忘食、夜以继日地工作。他们不断总结经验,发扬团队协作的精神,在经历600多次失败、经过200多步的化学合成后,1965年9月17日,世界上首批人工合成的牛胰岛素结晶,在新中国科学家的手中诞生了。同年11月,牛胰岛素人工合成科研成果顺利通过了国家科学技术委员会的鉴定,这是世界上第一个人工合成的蛋白质,标志着人类在认识生命、探索生命奥秘的征途中,迈出了关键的一步。1965年12月17日,《人民日报》发表社论,宣布"我国在

第一章 医学史案例

世界上第一次人工合成结晶胰岛素"。这项重要成果轰动了全世界,获得了国际同行的一致认可。

这个成果促进了生命科学的发展,开辟了用人工合成方法研究蛋白质结构与功能的新阶段,推动了我国胰岛素分子空间结构和作用原理的研究,使我国的胰岛素研究形成了具有中国特色的体系,并培养了一批优秀的蛋白质和多肽的研究人才。成功合成牛胰岛素也为我国蛋白质的实际应用开辟了广阔的前景,为多肽合成的制药工业打下坚实的基础。至今,胰岛素一直作为治疗糖尿病的特效药被广泛应用。1979年,我国人工合成牛胰岛素研究集体的代表钮经义被杨振宁等科学家推荐为诺贝尔化学奖的候选人,1982年,这项研究成果获得国家自然科学一等奖。

【素材出处】

陈禹:《世界首例人工合成牛胰岛素纪事》,载《档案春秋》,2019,4:7-9。(根据以上文献整理)

【案例点评】

中国人工合成牛胰岛素的历程包含以下思政元素:

(1)民族自信心。中国科学家合成的牛胰岛素是世界上第一个人工合成的蛋白质,标志着人类在认识生命、探索生命奥秘的征途中迈出了关键的一步,这说明优秀的中国人一样可以站在生命科学研究的最前沿。

(2)家国情怀。在各项条件都非常艰苦的年代,我国科研人员在零基础的情况下,废寝忘食、夜以继日,这种勇攀高峰的勇气和艰苦奋斗的精神源于科研人员的爱国情怀和社会责任感。

(3)制度优势。把国内最顶尖的专业人才集中起来进行科学攻关并很快取得成功,这体现了集中力量办大事、造福于民的制度优势。

(4)拼搏精神。经历了600多次失败,经过200多个步骤,科学家们才成功合成牛胰岛素,充分体现了他们百折不挠的意志和拼搏精神,也说明了科学研究的艰巨性。

(5)团队合作。这项成果是在20多名科研人员的共同努力下取得的,而非个人单打独斗的结果,体现了团队合作的重要性。

(6)科学精神。急于求成的心理对研究产生不利影响,是因为这种做法只注重主观意志,而没有尊重事物发展的客观规律,成功的实践是合规律性与合目的性的统一,要重视、尊重科学规律。

(7)国际视野。取得类似的重大研究成果对于国家增强综合实力、提升国际影响力有重要意义,青年人要在国际竞争中激发创新创造的使命感和紧迫感,为国家建设和参与国际竞争贡献力量。

【教学建议】

本素材可用于"生物化学"课程蛋白质的结构与功能部分"蛋白质的分子结构"内容的教学,教师可以简单介绍,课后学生自学。

(隆娟　李丹丹)

10 中国器官移植"第一例"背后的故事

【案例呈现】

器官移植的历史并不长,1954年,美国人完成了世界上首例肾脏移植手术,捐献者和接受者是一对同卵双胞胎,移植的肾脏存活了8年,这被视为现代器官移植的开端。1963年,美国医生开展了首例肝移植、肺移植;1966年,首例胰腺移植成功。1967年,南非完成了世界上首例心脏移植;1968年,美国进行了首例心肺联合移植。20世纪70年代,能够抑制身体攻击外来器官的药物——环孢菌素被研制出来以后,器官移植才成为常规疗法。在我国,器官移植起步较晚,1977年,第一例肝移植手术诞生在瑞金医院,第二年,中国首例心脏移植再次诞生在瑞金医院。

机会总是青睐有准备的人。20世纪50年代,该医院已经开展了血管移植手术;60年代初期,裘法祖团队在经历多次失败后获得了狗的异体移植试验的成功,瑞金医院向裘法祖学习经验,创新性地进行了肝脏移植动物试验,接受移植手术的狗术后存活时间超过5天,能吃、能活动,接近世界先进水平;60年代中期,该院已具备开展肝移植和心脏移植的科学基础和技术储备。1977年7月,该院恢复了动物实验与文献准备。负责人林言箴带领团队夜以继日地收集、分析外国器官移植资料,学习经验。另外,考虑到手术需要取肝、灌注、接肝、麻醉以及后勤等部门的配合,团队被扩充到50多人。两个多月的时间里,团队进行了20多次动物实验和2次联合实战演习,以保证动物实验能够顺利地过渡到临床。

1977年10月,瑞金医院对一名具有肝移植适应证的患者实施了中国首例肝移植手术。没有冰箱,护士们用木箱和冰块做成"土冰箱";没有显微镜和血管缝针,医生就凭着肉眼进行丝线缝合;为了防止感染,医生们在高压氧舱搭建临时病房。手术顺利完成之后,患者接受免疫抑制剂、止血、抗生素、胰岛素、补充凝血因子、抗感染、蓝光照射等治疗,以及针对排异反应的抗排异治疗和针对消化道出血的治疗。手术后,患者存活了54天,这在当时已经处于世界领先水平,因为国外的肝移植手术患者最多只存活了23天。1978年,瑞金医院又连续完成了3例肝移植,均获得圆满成功,患者术后生存期分别为139天、200天和261天。

同样,在几乎没有国际交流机会的情况下,瑞金医院又开始了心脏移植的准备工作。凭借着查阅资料和动物实验,团队摸索出一套保证供心质量的关键性措施,并且改进和制造了无齿持线钳、心内活检钳等10多种器械及设备。1978年4

月21日,团队完成了中国第一例人类同种原位心脏移植手术,这也是亚洲第一例心脏移植手术。克服了术后休克、排异反应、细菌感染等难关后,患者慢慢恢复到能行走、自主生活的状态,最终存活109天,大大超过了预期。

进入21世纪,瑞金医院的移植团队又开始挑战劈离式肝移植,就是将一个完整的供肝按照解剖结构分成两半,分别移植到两个患者身上。这种移植方法会增加手术难度,因为医生们需要整理和建立起两套各自独立的动脉、静脉和胆道系统,但它却是缓解供肝缺乏的有效方法。2002年,瑞金医院进行了国内首例劈离式肝移植尝试,最终获得成功,一个肝源挽救了两个生命。这是该院在肝移植领域的又一项第一。之后,这支团队又完成了好几个中国器官移植的"第一例":2004年初,成功实施国内首例肝脏小肠联合移植术;同年12月,一位38岁的女患者接受了腹腔七个器官的联合切取和移植手术,填补了国内乃至亚洲全腹腔多器官簇联合移植领域的空白,术后第一天患者就撤了呼吸机,第六天就能自己喝水。

2007年12月,该团队为一名15岁的女患者实施了"两供一受"肝移植手术。根据她的情况,需要一枚不少于950克的移植肝,但中国人的肝脏一般只有1000～1200克,按照传统技术,由亲属捐献肝脏的活体肝移植无法实现,等待自愿捐献的肝脏也遥遥无期。为了挽救患者生命,瑞金医院将患者45岁的父亲左半肝和43岁母亲的右半肝这两块健康肝组织移植到患者体内。这一次肝移植,涉及三个手术,37位医护人员守护在手术室17小时,手术获得圆满成功。"两供一受"手术难度大,排异反应更严重,当时能够实施的国家不超过5个。

今天,中国器官移植手术量仅次于美国,2015年,中国完成10 057例器官移植手术。这项手术的成熟,给身处绝境的患者带来了生的希望。中国能在这个领域走在世界前列,是建立在40多年前第一代器官移植探索者大胆尝试的基础上的。瑞金医院器官移植团队,在中国器官移植历史上,写下了浓墨重彩的一笔。

【素材出处】

朱凡、杨秋蒙:《中国器官移植"第一例"背后的故事》,载《新民周刊》,2017,40:38-41。(根据以上文献整理)

【案例点评】

瑞金医院器官移植的发展历程包含以下思政元素:

(1)民族自信心。器官移植技术首先出现在西方发达国家,但我国的医务人员在几乎没有国际交流机会的情况下,靠着查阅资料和动物实验,开创了国内乃至亚洲器官移植手术的多个第一,而且在这个领域走在世界前列,足以令人骄傲和自豪。

(2)家国情怀。没有条件也要掌握器官移植技术,是该团队不想我国在这项技术上受制于人,希望凭借自己的力量给患者带去生的希望,这种强烈的愿望源于对国家和人民的热爱。

(3)奋斗精神。瑞金医院的医疗团队在条件十分艰苦的情况下掌握器官移植技术并获得手术的成功,这是对艰苦奋斗精神的最好传承。

(4)团队合作。要开展一例肝脏移植手术,需要取肝、灌注、接肝、麻醉,以及后勤等环节的配合才能成功,说明了团队合作的重要性。

(5)创新精神。团队自己创制和改进多种器械和设备,开创性地完成劈离式和"两供一受"等高难度肝脏移植手术,体现了医学创新对人类社会进步的重要意义。

【教学建议】

本素材可用于"医学免疫学"课程移植免疫部分"主要组织相容性复合体"以及"外科学"课程器官、组织、细胞移植部分的教学,可由教师简单介绍,学生课后自学。

(隆娟　李平飞)

11 我国血吸虫病的防治

【案例呈现】

血吸虫病是血吸虫成虫寄生在人或其他哺乳动物的肠系膜静脉和肝脏附近门静脉系统的血管里,在那里吸血、产卵、排出毒素而引起的一种寄生虫病。在我国分布的是日本血吸虫,产卵量大,每条雌虫每天产卵约1000～3500个。血吸虫病发展到了晚期,患者的肚子逐渐胀大、积水,因此有些地方把这种病叫作"大肚子病"。它除了一般传染病的传染特征外,还有40余种哺乳动物能成为传染源,给防治工作带来了极大的困难。在我国湖南长沙马王堆出土的西汉女尸和湖北江陵凤凰山出土的男尸中均发现血吸虫卵,证明2100年前我国即有血吸虫病的流行。在漫长的岁月中,血吸虫病肆无忌惮地横行于长江流域及其以南的疫区,造成了"千村薜荔人遗矢,万户萧疏鬼唱歌"的悲惨景象,令人触目惊心。

新中国成立初期,我国血吸虫病流行严重,严重危害人民群众的健康,影响社会秩序的稳定。同时,我国血吸虫流行的疫区绝大部分是鱼米之乡,血吸虫病防治(下简称"血防")工作不仅直接关系到疫区群众的切身利益,也关系到整个国民经济的发展和全国人民的利益。因此,这个工作受到党和政府的高度重视。由于血吸虫病分布范围广,流行因素复杂,再加上经济条件和科技条件的限制,防治任务十分艰巨。

1955年,我国专门成立了中共中央血吸虫病防治领导小组,毛泽东主席亲临上海、杭州等地视察,鼓舞了疫区党政和群众战胜血吸虫病的信心和决心。当时采取领导、专家和基层血防干部三结合的方式,从1955年起每年出版全国《血吸虫病研究资料汇编》,1956年首次出版了具有指导性的《血吸虫病防治手册》,对全国开展大规模的流行病学调查研究和群众性的防治工作起了促进作用。大批专家、科研人员深入现场,在短短几年内,基本上摸清了我国血吸虫病的分布范围、流行因素和流行规律。与此同时,家畜血防也开展了调查和防治工作。

以江西余江县为例,从1956年春至1957年冬,该县开展了轰轰烈烈的填旧沟、开新渠、灭钉螺、治病患运动。先后为灭螺填掉旧沟347条,全长19万余米,填土一百多万方,开新沟119条,全长11.6万余米,挖土44万余方;扩大耕地面积532亩,改善灌溉面积1500多亩。他们还用铲草积肥、三光灭螺等多种方法,消灭屋基、墙脚、树兜、石桥缝中的钉螺。经过两年苦战,余江县人民消灭了传染血吸虫病的祸根——钉螺。这是一场实实在在的"人民战争",将公共卫生运动与群众运动相结合,在防治血吸虫的同时,修建了新的水利工程,一举两得。1958年6月余江县率先宣布消灭了血吸虫病,毛主席闻讯,欣然写下了名为《送瘟神》的光辉诗篇。到1959年2月中旬,全国有190多个县(市)达到了消灭或基本消灭的标准,并积累了丰富的防治经验。

20世纪60年代,全国范围内发起了将血防工作与"向湖滩要粮"的生产结合起来的群众运动,使血防工作继续深入。80年代初,我国开始使用吡喹酮,血防工作又上了一个新台阶。同时,我国对大湖洲滩和大山区的防治对策进行了探索,发现消灭传染源和易感地带是一种比较好的和可行的对策。1985年,中共中央血防领导小组公告:"至1984年年底,全国已治愈血吸虫病病人一千一百多万,消灭钉螺面积一百一十多亿平方米,有七十六个县(市、区)消灭了血吸虫病,一百九十三个县(市、区)基本消灭了血吸虫病……"。到1985年底,我国原有的371个流行县市中有271个达到了消灭和基本消灭的标准,广东、上海、福建、广西四个省基本消灭了血吸虫病。之所以能治愈这么多病人,关键措施之一就是重症者治疗全部免费;之所以能消灭那么大面积的钉螺,关键是发动数亿农民参与查螺、灭螺。余江县蓝田畈的刘金元,患血吸虫病后肚大如鼓,家人已为他准备了薄棺匣,但他却被救活了,还当上了大队支部书记,1977年当选为中共十一大代表。

80年代后期,由于当时的机构改革,社会经济体制和自然因素的变化,群众下湖的频率增高,导致湖区血吸虫病的回升。1989年,全国急性感染血吸虫病人数达到13 000余人。因此,1989年底,党中央在南昌召开会议,号召"全民齐动员,再次送瘟神"。1989年以后,国务院加强了对血防工作的领导,制定了防治规划,增加了投入,协调各方面的力量,提出"控制疫情、控制传播、阻断传播"的新策略,制定了防控和消灭血吸虫病的标准,改善了管理机制,引进世行贷款,并于1992年和1995年在各地建立了防治试点,取得了丰富的经验,浙江省于1995年宣布消灭了血吸虫病。

党中央和国务院坚持把人民的健康和安全放在首位,为确保有效控制血吸虫病流行目标的实现,2004年2月,国务院成立了血防工作领导小组,并下发了《国务院关于进一步加强血吸虫病防治工作的通知》,要求采取有效措施,遏制血吸虫病疫情。有关部委继续提出《全国预防控制血吸虫病中长期规划纲要(2004年—2015年)》和《血吸虫病综合治理重点项目规划纲要(2004年—2008年)》,对血吸虫防治工作的重点进行了规划。2006年4月,国务院第463号令公布了《血吸虫病防治条例》,这是55年来血防工作经验的总结,也为今后的血防工作指明了方向。《条例》和中长期规划都强调,重点要加强对传染源的管理。这实际上是要以生态学的观点来解决社会与环境之间的复杂关系,协调人类社会与自然环境之间的和谐发展。这个时期,通过采取切断传染源、净化环境、封洲禁牧、加速控制传播等手段，我国的血防工作取得了明显效果。

坚持实施以传染源控制为主的血吸虫病综合防治策略的转变，大大加快了我国血防工作的进程。同时，党和国家在血防的长期规划中还提出了组织领导、经费保障、法规和政策保障、机构和人员保障、技术保障。2007年10月，国务院办公厅以特急明电通知疫区各省和有关部委，指出进一步做好血吸虫病传染源的控制工作，2008年起全面推广有螺地带禁牧措施，表明党中央、国务院像抗洪、抗灾一样关心血防工作。在党的领导下，血防工作必将走向最后的胜利。

【素材出处】

王溪云、邹慧、杨一兵等：《中国血吸虫病防治策略的回顾与展望——庆祝建国60周年血防成就回顾》，载《江西科学》，2009，06：871-876。（根据以上文献整理）

【案例点评】

我国血吸虫病的防治历程包含了以下思政元素：

（1）人民至上。血吸虫病给人民群众的生活、生产带来巨大危害，党把这个传染病的防治当作大事，采取各种有效措施做好血防工作，体现了党"人民至上"的理念。

（2）制度优势。血吸虫病的重症患者全部免费治疗，发动亿万群众参与查螺、灭螺，体现了社会主义制度的优越性：将人民的利益放在首位，集中力量办大事。

（3）家国情怀。为彻底防治血吸虫病等传染疾病，一大批科学家抱着对新中国的赤诚之心和对人民健康的牵挂，在极其艰苦的条件下全身心投入寄生虫研究，为防治工作提供了科学依据。

【教学建议】

本素材可用于"人体寄生虫学"课程医学蠕虫学部分"血吸虫"内容的教学。教师可将素材提供给学生自学，并留下问题：血吸虫的防治很困难，我国为什么能取得血防工作的显著效果？

（隆娟　赵燕清）

12 二十世纪人类用药史的最大悲剧——"反应停事件"

【案例呈现】

反应停,又称沙利度胺。1953 年,瑞士 CIBA 药厂为了开发新型抗菌药首先合成沙利度胺,但结果显示其非但没有抗菌作用,反而有镇静作用。此时,德国的格兰泰公司(Grünenthal)开始着力研究沙利度胺的镇静催眠作用,发现该药能有效抑制孕妇呕吐,于是在 1957 年将其作为镇静催眠剂上市。此药因疗效好而大受欢迎,很快就有 14 个药厂以"反应停"作为商品名在全球 40 多个国家销售,并随之展开了铺天盖地的夸大宣传,沙利度胺被描述成一个包治百病的"神奇药物",一时间风靡欧洲、非洲、澳大利亚和日本等地,仅联邦德国一个月就能卖出一吨。

1961 年,澳大利亚产科医生威廉·麦克布里德(William McBride)在《柳叶刀》杂志上发表文章,指出反应停可致婴儿畸形,造成婴儿四肢短小,形如海豹,即我们常说的"海豹儿"。与此同时,德国汉堡大学的儿科遗传学家兰兹(Widulind Lenz)也怀疑沙利度胺和"海豹儿"的关系,并展开了一些科学研究,从而把格兰泰公司告上法庭。1961 年 11 月底,格兰泰公司迅速收回了市场上所有的反应停,这种药物不再允许销售,但已经造成了严重的后果:短短几年,有超过 10 000 例带有海豹肢畸形或相关异状的婴儿出生,还有大量的畸形儿胎死腹中。其危害之严重、受害者之多,前所未有,这就是震惊世界的"反应停事件"。

虽然沙利度胺上市时风靡全球,但有一个国家一直没有允许其上市,也因此躲过一劫,这就是美国。美国之所以如此幸运,得益于弗朗西斯·凯思琳·奥尔德姆·凯尔西(Frances Kathleen Oldham Kelsey)女士高超的专业造诣和高度的责任心。

1959 年,野心勃勃的美国梅瑞公司(Richardson-Merrell)也急于将反应停推向美国市场,并于 1960 年向 FDA(食品药品监督管理局)提出销售申请,接手该申请的正是刚到 FDA 任职一个月的凯尔西博士。凯尔西看了申请书,发现沙利度胺以治疗孕妇晨起呕吐和恶心为名申请上市,她怀疑该药会对孕妇有不良作用,影响胎儿发育。梅瑞公司辩称,他们已经研究了该药对怀孕大鼠和孕妇的影响,未发现问题。但凯尔西坚持要有更多、更长时间的研究数据证明该药真正安全后才能批准。凯尔西如此较真,是因为她于 20 世纪 40 年代研究过抗疟药奎宁及其代谢物的毒理学,发现有些药物在实验动物与人体的表现有着明显的区别。

这件事使凯尔西承受了巨大的压力——来自药厂的、来自游说集团的,以及来自妇女界的。梅瑞公司甚至动用各种手段威胁她,但她还是坚持自己的看法。此后,《柳叶刀》发表了反应停导致婴儿畸形的文章,各国纷纷下架此药。梅瑞公司也火速收回试用药品,但美国仍然出现了十多名"海豹儿"。

如果没有凯尔西的阻止,美国可能会出现成千上万的畸形儿。凯尔西以一人之力避免成千上万的"海豹儿"在美国诞生,一夜之间,她成了美国英雄,肯尼迪总统为她颁发"杰出联邦公民总统奖"。1962年10月,美国国会通过《科夫沃-哈里斯修正案》强化药品管理,要求制药公司必须提供药品有效性证明、向FDA报告药品副作用,并请求患者参与临床研究,以防止此类问题重现,首次明确了"药品有效性必须在上市之前得到确证"的要求。从此,安全性成为药物监督的基本原则,尤其是儿童和孕妇用药,在安全性上没有商量的余地。

2005年,90岁的凯尔西从FDA退休,至此她已为FDA服务了45年。2010年,FDA以她的名字设立"凯尔西奖",每年颁发给FDA的优秀雇员。2015年8月7日,凯尔西在加拿大安大略省伦敦市去世,享年101岁。

【素材出处】

周颖:《反应停致短肢畸形事件》,载《药物不良反应杂志》,2010,10:335-337;百度百科:https://baike.baidu.com/item/弗朗西斯·凯思琳·奥尔德姆·凯尔西/16535340?fr=aladdin.(根据以上资料整理)

【案例点评】

"反应停事件"包含了以下思政元素:

(1)敬业精神。由于有着高度的责任心,尽管凯尔西女士承受了巨大的压力,但她依然坚持梅瑞公司提供能够真正证明反应停安全性的数据,最终凭一人之力避免美国受到该药品的危害。

(2)勤奋学习。正是因为她有高超的专业造诣,才能够意识到反应停可能存在不可接受的副作用,说明扎实的专业知识是胜任工作的基础。

(3)道德伦理。格兰泰、梅瑞等公司为了追求商业利益,选择忽视该药物可能存在的巨大危害,还将其描述成"包治百病"的神药,缺乏社会责任心,最终造成了严重的后果。

(4)辩证思维。有些药物的作用在实验动物与人体的表现有明显的区别,这体现了矛盾的特殊性。医生不仅要了解患者疾病的个体差异,还要了解不同药物作用的差异,才能提高治疗的针对性,从而优化治疗效果。

【教学建议】

本素材可用于"药理学"课程药物效应动力学部分"不良反应-致畸"内容的教

学,也可用于"预防医学"课程病例对照研究部分,在"课堂引入""研究设计",以及"优点"等内容中均可用到,还可用于实验性研究部分的"药物临床试验分期"和"伦理学道德问题"内容的教学,可由教师介绍,并组织学生讨论:目前国内出现过多起疫苗、药物事件,请从医务工作者的角度考虑,应如何避免此类事故的发生?

(隆娟　董晓霞　刘颖)

13 幽门螺杆菌的发现

【案例呈现】

幽门螺杆菌是一种螺旋状的革兰氏阴性菌,是引起消化性溃疡病的病原体,在几乎50%的人的胃部都存在,目前发现人类是这种菌的唯一宿主。

在二十世纪八十年代以前,主流医学界认为消化性溃疡主要是由压力、紧张或刺激性食物引起的,复发率高,需要反复使用抗酸剂来治疗,有时还需使用镇静剂、抗抑郁药和心理干预等方法来控制,患者苦不堪言。直到病理学家罗宾·沃伦(J. Robin Warren)和西澳大利亚皇家医院的医师巴里·马歇尔(Barry J. Marshall)发现并证实幽门螺杆菌与消化性溃疡的形成和复发密切相关,才使这种难以治愈、反复发作的消化性溃疡变成配合使用一个星期的抗生素即可治愈的疾病,直接扭转了几十年来的错误医疗与诊治。

1979年,沃伦在一位胃炎患者的胃黏膜活体标本中意外地发现了一条奇怪的蓝线,他用高倍显微镜仔细观察,发现有一种弯曲样杆菌紧贴着胃上皮,有规律地存在于黏膜细胞层的表面及黏液层下面,这是一种前所未见的细菌。紧接着,沃伦继续在其他活体标本中寻找这种细菌,发现这种细菌总是出现在慢性胃炎标本中。沃伦意识到,这种细菌可能与慢性胃炎等疾病有密切关系。当时的医学界认为,健康的胃是无菌的,因为胃酸会将人吞入的细菌迅速杀灭,没有一个人愿意相信沃伦,大家都觉得这纯粹是标本污染造成的。再说,沃伦也只是个病理科医生,并未接触过临床,也没人愿意给他提供帮助。但沃伦并没有因此放弃,一直寻找能与之合作的医生。

1981年,沃伦遇到了对消化性溃疡研究感兴趣的内科医师马歇尔。他们以100例接受胃镜检查及活检的胃病患者为对象进行研究,发现几乎所有的十二指肠溃疡患者的胃内部都有幽门螺杆菌。这个发现验证了沃伦观点的正确性,他们提出"消化性溃疡是由幽门螺杆菌引起的"这个假说。这一年,沃伦44岁,马歇尔31岁,他们提出的这个"年轻"的假说直接挑战了当时的主流观点。按当时的情形,说溃疡是由细菌引起的,就像在说地球是方的一样,医生们还是不相信会有细菌能生存在酸性很强的胃里。

沃伦和马歇尔并没有因此气馁,他们顶着压力继续研究,对一些患有多年溃疡症并已经威胁生命的患者进行为期两周的抗生素试验治疗,大部分患者逐渐好转。与此同时,他们也进行了动物实验,却遭遇了前所未有的困难——他们无法感染动物模型。马歇尔意识到,要想尽快证实这个理论,必须有一个有效的人体实验对象。在慎重考虑之后,他决定"以身试菌",这样他就有可能亲身体验感染幽门螺杆菌后的真实情况。

1984年的一天,偶尔吸烟和饮酒,没有胃肠疾病,胃镜、组织学和超微结构检查均正常,确定没有感染幽门螺杆菌的马歇尔吞服了含有大量幽门螺杆菌的培养液。吞服细菌的最初几天,马歇尔除了感觉肠蠕动增加外,没有其他不适。可是5天后,冒冷汗、进食困难、呕吐、口臭等症状接踵而来,妻子劝他赶快治疗,他却想着做更多详细的实验和观察,坚持不进行治疗。苦苦等到第10天,马歇尔在完成各项检查后才开始进行治疗。他们在胃镜检查时发现,马歇尔的胃黏膜上果然长满了这种"弯曲的细菌",同时有穿过胃壁而出的白细胞正努力吃掉并杀死这些幽门螺杆菌——这就是造成胃溃疡的原因。当人们惊呼这种"疯狂举动"的同时,也逐渐承认了幽门螺杆菌才是导致消化性溃疡的罪魁祸首。

沃伦和马歇尔造福了千千万万遭受溃疡病困扰的患者,两位科学家也因此获得了2005年诺贝尔生理学或医学奖。

【素材出处】

王咏雪:《马歇尔:"以身试菌"的科学狂人》,载《大众科学》,2014,10:26-28。(根据以上文献整理)

【案例点评】

幽门螺杆菌发现的过程包含以下思政元素:

(1)科学精神。沃伦和马歇尔发现幽门螺杆菌与消化性溃疡的密切关系,挑战了当时的主流观点,即使顶着巨大的压力,他们也没有气馁,依然继续自己的研究,表现得客观理性,说明批判性思维在医学发展中的重要性;通过大胆假设和小心求证,用细致入微的观察和大量可靠的资料得出了对消化性溃疡致病机理的正确认识,是严谨求实的表现;根据对这个致病机理的认识,用自创的抗生素治疗法治疗溃疡,最终造福了无数的溃疡患者,体现出探索创新的精神。

(2)奉献精神。马歇尔为了证明自己的假设,竟然冒着危险"以身试菌",正是这种伟大的献身科学的精神推动着医学科学的进步。

(3)辩证思维。幽门螺杆菌具有细菌的一般性质,但也具有它的特性:可以感染人,却不能感染动物,体现了矛盾的特殊性。只有了解病菌的共性与个性,才能进行有针对性的治疗。

【教学建议】

本素材可用于"药理学"课程"抗消化性溃疡药"内容的教学,由案例引出药物分类。

(隆娟　董晓霞)

14 中国参与人类基因组计划

【案例呈现】

人有23对染色体,包括22对常染色体和1对性染色体,由大约31.6亿个DNA碱基对组成,含4万~10万个基因。人类基因组计划是美国科学家于1985年率先提出的,旨在测定30多亿个碱基对的序列,发现所有人类基因并搞清其在染色体上的位置,以破译人类全部的遗传信息。该计划于1990年启动,主要由美、英、日、德、法五国科学家参与,被誉为"生命登月"计划,与"曼哈顿原子弹计划""阿波罗登月计划"合称为"人类科学史上的三个伟大工程"。

随着技术手段的进步,人们对生命密码的破译呈现加速之势。目睹世界科技的日新月异和人类基因组研究的发展趋势,在国外从事基因研究多年并颇有建树的杨焕明博士和于平博士等人再也无法安享宁静的生活,毅然回到祖国。当时,国内对于是否参加基因测序还存在较大的争议,而美、英、法等国的工作已开展多年。在杨焕明等人看来,作为一个大国,我国必须在人类基因组计划中占一席之地,而要想在这一计划中站稳脚跟,就必须从最基础的基因测序做起。如果不参与人类基因密码的破译工作,中国就会在未来的竞争中受制于人。1998年8月,在中国科学院的支持下,中科院遗传所人类基因组中心成立。他们的目标很明确,进行人类基因组测序,在这个国际计划中占据一席之地,进而进军基因工程产业。

创业伊始,科学家所面对的不仅是物质和经济上的困难,还有国内外许多同行的不理解,甚至疑虑。资金缺乏,他们就自己筹来大部分启动金,买了10多台世界先进的测序仪,为了早日实现目标,不少工作人员自愿捐出积蓄;人员不够,他们就向科研院所、大专院校招募工作人员;空港工业区也把一层楼的办公用房交给中心使用,一些大专院校的学生更是不计报酬,自愿加入测序工作。众人拾柴火焰高,在社会各界的支持下,一支从事基因测序工作的队伍逐渐形成,一个基因测序基地在北京东北郊悄悄崛起。

1999年9月1日,在英国伦敦,第五次人类基因组测序战略会议召开,来自中国的杨焕明的陈述让国际同行对中国充满信心;遗传所人类基因组中心的设备运行情况已经达到国际先进水平,中国科学家已经掌握基因测序的全部关键技术和细节。已递交的部分测序数据,使中国成为递交人类DNA序列数据最多的6个国家之一。

经过积极争取,人类基因组计划国际组织决定由中国承担1%的测序任务,即负责3号染色体3000万个碱基对的测序工作。中国成为第六个参与该计划的国家,也是唯一的发展中国家。这个1%意义深远,它证明了中国科学家的能力和实力,在国际生命科学前沿、国际重大科技合作研究中毫不逊色,甚至更加出色。

当时距离2000年完成人类基因组90%以上测序工作的期限只剩下不到一年的时间,为了抢在时间前面,大规模的基因测序于1999年10月1日开始,一边加紧培训,一边抓紧测序,100多人分为两组,不分昼夜,"停人不停机",每天必须完成20万个碱基的测序工作。2000年4月,在各方努力下,1%的测序任务基本完成,我国科学家在世界上率先拿到了"工作框架图"。虽然参与的时间最晚,但我国的基因测序能力已经超过法国和德国,位列第四。通过参加这项国际合作,我国已经可以分享人类基因组计划的全部成果、数据、资源和技术,也建立了我国自己的基因组大规模的全套技术及科学技术队伍,为我国今后的生物资源基因组研究奠定了基础。

2001年6月27日,人类基因组计划首席科学家、美国国家人类基因组研究所所长弗朗西斯·柯林斯(Francis Collins)向全世界宣布人类基因组工作草图绘制成功。他这样评论:"国际人类基因组计划中国测序部分的圆满完成,是一件了不起的事情,整个中国都应该为此骄傲。"中国科学家用自己的实力和努力在这个划时代的里程碑上刻上了中国人的名字。

【素材出处】

李斌:《跃上生命科学之巅——中国参与人类基因组计划纪实》,载《人民论坛》,2000,7:16-19。(根据以上文献整理)

【案例点评】

中国参与人类基因组计划包含以下思政元素:

(1)国际视野。人类基因组计划对于人类认识自身、推动生命科学以及制药产业的发展,都具有极其重大的意义,我国必须参与这项计划,否则就会在未来的竞争中受制于人。

(2)家国情怀。为了中国能在这个国际计划中占有一席之地,科学家们不仅放弃了国外优越的生活回国艰苦创业,还自己筹集资金、甚至捐款购买设备,这是爱国精神与奉献精神的写照。

(3)团结精神。在非常艰苦的条件下,基因组测序工作因为受到社会各界的积极支持而迅速启动,再一次印证了"团结就是力量"。

(4)拼搏精神。为了按时完成测序工作,100多名科研人员"停人不停机"地两班倒,充分体现了拼搏精神,也说明了团队精神的重要性。

(5)民族自信心。我国最晚参与这个计划,但基因测序能力已经超越法国与德国,证明了中国科学家在国际生命科学前沿、国际重大科技合作研究中毫不逊色,甚至更加出色。

【教学建议】

本素材可用于"生物化学"课程"核酸的结构与功能——DNA 的空间结构与功能"内容的教学,教师课堂上引入并简单介绍,学生课后自学。

(隆娟　李丹丹)

15 中国抗击新冠肺炎疫情

【案例呈现】

2019年底,湖北省武汉市相继出现了多起不明原因的病毒性肺炎病例。2020年1月7日,实验室检测确定,本次不明原因的病毒性肺炎的病原体初步判定为新型冠状病毒。1月18日,国家卫健委专家钟南山赶赴武汉。经过对大量案例和资料进行研究和整理,1月20日,他向全国媒体宣布,新型冠状病毒确定存在"人传人"现象,这一番话拉响了全国抗击疫情的警报。当天,习总书记强调要把人民健康放在第一位,坚决遏制病情蔓延;1月30日晚,世界卫生组织(WHO)宣布,将新型冠状病毒疫情列为国际关注的突发公共卫生事件(PHEIC)。

1月23日,武汉关闭离汉通道。从1月24日开始,各省份陆续组织大量医务人员援助武汉和湖北。2月7日,国家卫健委宣布,建立16个省份支援湖北省武汉市以外地市的"一对一"对口支援关系,以"一省包一市"的方式,全力支持湖北省加强对患者的救治工作。2月18日,全国新增治愈出院病例数超过新增确诊病例数,确诊病例数开始下降;2月19日,武汉新增治愈出院病例数首次大于新增确诊病例数。3月10日,武汉所有方舱医院休舱;3月18日,全国新增本土确诊病例首次实现零报告,中国基本控制了新冠肺炎疫情;4月8日,在按下暂停键76天后,武汉"解封";4月26日,武汉在院新冠肺炎患者数字清零。至2020年5月31日24时,全国31个省、自治区、直辖市和新疆生产建设兵团累计报告确诊病例83 017例,累计治愈出院病例78 307例,累计死亡病例4634例,治愈率94.3%,病亡率5.6%。

新冠肺炎疫情是新中国成立以来,传播速度最快、感染范围最广、防控难度最大的重大突发公共卫生事件。我国用1个月左右的时间初步遏制疫情蔓延势头,2个月左右将本土每日新增病例控制在个位数以内,3个月左右取得武汉保卫战和湖北保卫战的决定性胜利,这在人类历史上是绝无仅有的。中国为什么能创造这样的奇迹? 从以下的数据中我们能找到答案。

从1月25日起,短短60天,中央政治局常委召开了8次专题会议,讨论疫情的防控和复产复工,这在党的历史上还是第一次;国务院总理、中央应对疫情工作领导小组组长李克强主持召开30余次领导小组会议,研究部署疫情防控和统筹推进经济社会发展工作;截至1月29日,31个省、直辖市和自治区均启动一级响应。

54万名武汉市和湖北省医务人员冲锋在前,从1月24日开始,346支国家医疗队、4.26万名医务人员和965名公共卫生人员驰援武汉市和湖北省；这些医务人员中有2000多人确诊感染，几十人以身殉职；19个省（直辖市、自治区）以对口支援、以省包市的方式支援湖北省除武汉市以外的16个地市（林区），人民解放军派出4000多名医务人员支援湖北省，承担火神山等3家医疗机构的医疗救治任务，空军出动运输机紧急运送医疗物资。

从全国调集的4万名建设者和几千台机械设备，仅用10天建成有1000张病床的火神山医院，仅用12天建成有1600张病床的雷神山医院；短短10多天建成16座方舱医院，共有1.4万余张床位；加强临床血液供应，10个省份无偿支援湖北省红细胞4.5万单位，血小板1762个治疗量，新鲜冰冻血浆137万毫升（不含恢复期血浆）。

武汉市重症定点医院累计收治重症病例9600多例，湖北省成功治愈3000余位80岁以上、7位百岁以上的新冠肺炎患者。一位70岁老人经过10多名医护人员几十天的精心护理转危为安，治疗费用近150万元，全部由国家承担。截至5月31日，全国各级财政共安排疫情防控资金1624亿元，全国确诊住院患者结算人数5.8万人次，总医疗费用13.5亿元，确诊患者人均医疗费用约2.3万元。其中，重症患者人均治疗费用超过15万元，一些危重症患者治疗费用几十万元甚至上百万元，全部由国家承担。

1月27日至3月19日，全国向湖北地区运送防疫物资和生活物资92.88万吨，生产物资148.7万吨，能源供应充足；充分发挥制造业门类全、韧性强和产业链完整配套的优势，2月初，医用非N95口罩、医用N95口罩日产量分别为586万只、13万只，到4月底，日产量分别超过2亿只、500万只。

科研人员用1周时间成功分离病毒，创造了人类历史上认识一种新的传染病最短的时间记录；陈薇团队争分夺秒、夜以继日地工作，不仅迅速建立了"核酸检测—抗体筛查—多重病原检测"的鉴定链条，为临床诊断准确率和治愈率发挥了作用，还严格按照"国际规范、国内法规"的要求，于全球范围内率先研制出新冠疫苗，陈薇本人成为第一个接种志愿者。

充分发挥中医药特色优势。坚持中西医结合、中西药并用，发挥中医药治未病、辨证施治、多靶点干预的优势。中医药参与救治确诊病例的占比达到92%；湖北省确诊病例中医药使用率和总有效率超过90%。

全国3900多万名党员、干部战斗在抗疫一线，1300多万名党员参加志愿服务，近400名党员、干部献出了生命；400万名社区工作者奋战在全国65万个城乡社区中，130多名公安、辅警牺牲在工作岗位；快递小哥、环卫工人、道路运输从业人员、新闻工作者、志愿者等各行各业工作者不惧风雨、敬业坚守。截至5月31日，全国参与疫情防控的注册志愿者达到881万人，志愿服务项目超过46万个，记录志愿服务时间超过2.9亿小时。

经公民个人授权，推广个人"健康码""通信大数据行程卡"作为出行、复工复产复学、日常生活及出入公共场所的凭证,实现分区分级的精准识别、精准施策和精准防控。利用大数据技术绘制"疫情地图",为公众防范传染提供方便。疫情期间,30多个省市通过人工智能电话机器人开展重点人群排查、宣教和无接触式数据采集工作,累计服务5900万人次,筛查出伴有发热症状居民3.6万人;在武汉市,电话机器人仅用6小时就完成100万居民的筛查随访,提升效率20倍以上。

全国人民都给湖北、武汉捐物捐款,截至5月31日,累计接受社会捐赠资金约389.3亿元,物资约9.9亿件;另外,有77个国家和12个国际组织为中国人民抗疫斗争提供捐赠,84个国家的地方政府、企业、民间机构、人士向中国提供了物资捐赠……

有国际人士评价:"中方行动速度之快、规模之大,世所罕见,展现出中国速度、中国规模、中国效率。"整个过程中,中国始终保持与国际社会的联系,及时通报有关信息,世界卫生组织也对中国抗疫给予高度评价。

在自身疫情防控仍然面临巨大压力的情况下,中国力所能及地为国际社会提供援助:向世界卫生组织提供5000万美元现汇援助,向多个国家派遣医疗队,举办培训400余场;3月1日至5月31日,中国向200个国家和地区出口防疫物资,其中,口罩706亿只,防护服3.4亿套,护目镜1.15亿个,呼吸机9.67万台,检测试剂盒2.25亿人份,红外线测温仪4029万台……中国政府还积极推动中医药抗疫国际合作,为世界抗疫提供中国智慧、中国方案。

无论是对内还是对外,中国都展现了一个大国应有的担当,为全世界抗击新冠肺炎疫情做出了应有的贡献。当前,国外疫情形势依然严峻,世界各国只有同舟共济,才能最终战胜疫情。

【素材出处】

国务院新闻办公室:《抗击新冠肺炎疫情的中国行动》白皮书。http://www.scio.gov.cn/ztk/dtzt/42313/43142/index.htm。(根据以上资料整理)

【案例点评】

中国抗击新冠肺炎疫情是人类抗疫史上浓墨重彩的一笔,包含以下思政元素:

(1)人民至上。党把人民健康放在第一位,不计代价地挽救患者的生命、防控疫情,充分说明了中国共产党全心全意为人民服务的宗旨。

(2)制度优势。全国4万多名医务人员、医疗设备、抗疫物资向湖北和武汉集结,4万多名建设者支援武汉建设,"一省包一市"的对口支援,举全国之力帮助武汉和湖北抗击疫情,并且效果显著,体现了新型举国体制的优势;新冠肺炎患者的治疗费用由国家负担,充分体现了社会主义制度的优越性。

(3)担当奉献。以钟南山为代表的几十万医务人员白衣执甲,舍生忘死,用行动,甚至生命诠释了担当、奉献和拼搏精神。

(4)团队合作。对抗疫情、救治患者,需要医务人员和其他人员的通力合作,说明团队精神的重要性。

(5)文化自信。中国人民抗疫展现了强大的精神力量,充分体现了革命文化和社会主义文化的先进性:以陈薇为代表的科研人员争分夺秒、夜以继日地攻关,不仅迅速建立了鉴定链条,还在全球率先开发出疫苗,体现了他们的钻研精神;建设者短短十余天就建成雷神山医院和火神山医院,是"中国速度"的具体写照,也是奋斗拼搏的结果;几千万的党员、干部、志愿者坚守在各自的岗位,为疫情防控做出了贡献,体现了奉献精神;全国人民为湖北捐款、捐物,帮助湖北人民渡过难关,体现的是守望相助的团结奋斗精神。传统抗疫思想和中医药在抗疫中发挥重要作用,说明中国传统医学的优势,再一次增强我们对传统医学的自信。

(6)科学精神。针对新冠病毒的特点采用卓有成效的防控手段,特别是北京新发地和武汉华南海鲜市场都出现聚集性病例,但疫情传播和感染人数有天壤之别,说明科学抗疫的重要性;"老方新用"以及大数据、人工智能等技术在疫情防控中作用显著,说明了创新的重要性。

(7)自立自强。此次抗疫速度快、规模大、成效显著,一个重要原因是我国的经济、科技、社会得到长足发展,特别是发挥了制造业门类齐全、产业链配套完整的优势,再一次说明"发展才是硬道理"。

(8)国际视野。国内和国外都出现了疫情,但中国与其他国家的抗疫表现和结果都有天壤之别,我们在国际比较中能够更好地体会并认同社会主义道路和制度的优越性,更加积极地参与国家建设;向其他国家分享"中国处方"并提供力所能及的帮助,展现了中国的大国担当和无私情怀,也展现了中国为构建人类命运共同体所做的努力。

【教学建议】

本素材可用于以下专业知识点的教学:"病理生理学"课程"呼吸衰竭"内容,"生物化学"课程"核酸的功能与结构——RNA的空间结构与功能"内容,"生理学"课程呼吸系统的功能部分"肺的换气功能"内容,"预防医学"课程绪论部分"三级预防""公共卫生服务"和"卫生工作面临挑战"等内容。教师简单引入,学生课后自学并回答:中国为什么能取得抗击新冠肺炎疫情的胜利?给我们哪些启示?

(隆娟 刘坚 李丹丹 张志锋 刘颖)

第二章
医学人物案例

DI-ER ZHANG

医学科学的发展,是无数先贤和当代医学人物艰苦努力、无私奉献的结果。这些医学人物身上体现出来的以天下苍生为念的博爱精神、热爱祖国和人民的情怀、救死扶伤的奉献精神、认真严谨、精益求精的敬业精神、心系患者不惧病魔的抗争精神,都是学生成长的精神沃土。本章共有24个案例,包括张仲景、裘法祖、屠呦呦、维萨里、科赫等中外医学史上的重要医学人物,他们的事迹充分诠释了博爱、敬业、奉献等精神。将医学人物案例用于教学,用精神的力量感染学生,能够激发学生树立为祖国医学事业奋斗终生的理想信念,将远大抱负落实到实际行动中,努力成长为国家和社会需要的医疗人才。

1 "医圣"张仲景

【案例呈现】

张仲景(约公元150年—154年生,约公元215年—219年卒),东汉南阳人,中国古代伟大的医学家。他自幼喜欢医学,年少时拜师学医,并立下"进则救世,退则救民,不能为良相,亦当为良医"的志向。张仲景聪明好学,刻苦钻研,尽得老师真传。

东汉末年,战乱频发、瘟疫流行,大规模的伤寒病传染性强、死亡率高。张仲景的家人也深受其害,家族二百多人,不到十年时间,"其死亡者,三分有二,伤寒十居其七"。亲身经历瘟疫带来的人间惨剧,张仲景决心"勤求古训,博采众方",研究治疗伤寒病的方法。他继承前人的医学理论,结合自己的临床实践,不仅救治了大量患者,还创造性地总结出中医学的经典著作《伤寒杂病论》,提出了外感热病和内伤杂病的病因、病证、诊法等。《伤寒杂病论》被称为中医四大经典之一,张仲景也被后世尊称为"医圣"。这个称号不仅是称颂他的高超医术和传世经典,更是褒扬他的医者仁心。相传他在任长沙太守期间,处理公务的闲暇之时,就在衙门大堂坐诊,为百姓看病,这也是人们称行医为"坐堂"的由来。

《伤寒杂病论》被赞誉为"方书之祖"。张仲景广泛收集医方,精选了三百多方记入书中。其中,麻黄汤、桂枝汤、柴胡汤、麻杏石甘汤等著名方剂,疗效可靠而且显著,至今仍被广泛运用。在抗击新冠肺炎疫情中发挥重要作用的"三药三方"中的清肺排毒汤、连花清瘟胶囊,都是以《伤寒杂病论》中的古代名方为基础研制而成的。《伤寒杂病论》之所以被称为中医经典,还在于它确立了"辨证论治"的理论和方法体系。"辨证",就是通过望、闻、问、切等手段,分析判断病人的证候。"论治",就是根据"辨证"的结果,确定相应的治疗方法。中医诊疗看重整体、着眼于"病的人",而不是看重局部、只关注"人的病",从而形成了鲜明的特点。

历史上,中华民族屡经天灾、战乱和瘟疫,却能一次次转危为安,以《伤寒杂病论》为代表的中医药著作做出了重大贡献。在抗击新冠肺炎疫情中,中医药再立新功。数据显示,在中国,中医药参与救治新冠肺炎确诊病例的占比达到92%,湖北省确诊病例中医药使用率和总有效率超过90%。这是中医药传承精华、守正创新的生动实践。面对新冠肺炎疫情这场百年来影响范围最广的全球性大流行病,中国政府积极推动中医药抗疫国际合作,中医药抗疫经验带着深深的文化自信走出国门,为世界提供中国智慧、中国方案。

一株小草改变世界,一枚银针联通中西,一缕药香穿越古今……。古老的中医学以其独特价值越来越得到国际社会的高度评价和认可。2010年,中医针灸被联合国教科文组织列入人类非物质文化遗产代表作名录。2015年,屠呦呦成为中国首位获得诺贝尔奖的科学家。她从中医典籍中受到启发,用现代科技手段提取青蒿素,转化成一种强有力的抗疟药物,挽救了成千上万人的生命。

【素材出处】

黄永奎:《论"医圣"张仲景的科学精神》,载《四川工程职业技术学院学报》,2007,2:18-19;国际在线:《鉴往知来|跟着总书记学历史:千秋医圣留给今天怎样的启示?》,2021-05-12,https://baijiahao.baidu.com/s?id=1699556886793664881。(根据以上资料整理)

【案例点评】

张仲景的事迹包含以下思政元素:

(1)家国情怀。张仲景从小立下"进则救世,退则救民,不能为良相,亦当为良医"的志向,体现了他爱国爱民、悲悯救世的情怀和以国家命运和百姓福祉为己任的责任担当意识。

(2)文化自信。张仲景在两千多年前总结出来的药方在今天仍然发挥着重要作用,让人不得不惊叹中国古人的才能和智慧。

(3)人文素养。张仲景经历了瘟疫带来的惨剧,通过刻苦钻研研究出伤寒病的疗法,还救治了大量患者,体现了对患病百姓的关爱,"医圣"的称号不仅是褒奖他的高超医术,更是赞美他的医者仁心。

(4)科学精神。他勤奋学习、刻苦钻研,"勤求古训,博采众方",创造性地总结出《伤寒杂病论》,体现出他探索创新、求真务实的科学精神。

(5)辩证思维。《伤寒杂病论》确立了"辨证论治"的理论和方法体系,强调将"病的人"看作一个整体,从整体角度来看疾病的病因与症候之间的关系,体现了辩证思维的方法。

【教学建议】

本案例可用于"医学导论"课程中国医学史概要部分"秦汉时期的医学"内容的教学,由教师讲授。

(高志婕 郭昆全)

2 葛洪与《肘后备急方》

【案例呈现】

葛洪(公元283年—363年),字稚川,自号抱朴子,丹阳句容人,中国古代著名道教学家、炼丹家、医药学家、博物学家。

葛洪出身于江南士族家庭,祖辈世代为官,他是三国方士葛玄侄孙。葛洪十三岁时父亲去世,后家道中落。他以砍柴所得换回纸笔,在劳作之余抄书学习,常至深夜,乡人因此称他为抱朴之士,他遂以"抱朴子"为号。葛洪十六岁拜郑隐为师,后又拜精通道术、养生、医药及占卜的南海太守鲍靓为师,尽得真传。他娶鲍靓之女鲍姑为妻,鲍姑擅长针灸之术,是我国历史上第一位女针灸专家。葛洪一生饱读经书,见素抱朴,精研医药和道教,在急诊、传染病、内、外、妇、儿、五官、针灸、推拿、养生美容等方面都有创见。晚年时,他放弃关内侯的高位,与妻子隐居罗浮山,积极从事采药炼丹活动并著书不辍。葛洪一生著述甚丰,完成著述60余种,近千卷,内容丰富,涵盖了宗教、哲学、教育、医学、养生等多个领域,以及大量的化学、炼丹和科学科技实践记录等内容,但流传至今的只有《肘后备急方》和《抱朴子》。

《肘后备急方》收集了大量救急用的方子,都是葛洪在行医、游历的过程中收集和筛选出来的,内容简要易懂。他特地挑选了一些比较容易弄到的药物,有些药物即使必须花钱买也很便宜,改变了之前的救急药方不易懂、药物难找、价钱昂贵的弊病。同时,他还在书中介绍了许多简单易行的外治法,如捏脊疗法、针法、灸法、角法(拔罐)、推拿、口畜鼻、热熨、蜡疗等。例如《肘后备急方》共有针灸处方109条,所记载的针法、灸法都不记穴位名称,只指出具体部位和分寸,文化水平不高的人也能轻易掌握,有极强的实用性和可操作性。这些简易疗法对治疗中风、心痛、尸蹶、虫蛇咬伤等症都行之有效。由此可见,该书始终贯彻、体现了"简便、灵验、救急、实用"的治疗学思想。

《肘后备急方》记述了很多药物治疗的新发现以及疾病的认识,概括起来有急性传染病、各种慢急性脏器病,还有外科疮肿、皮肤病、精神病、虫兽咬伤等。他对各种病症进行了细致的观察和记录,其中有很多是医学文献中的首次记载。如他最早记载了天花的疾病症状和治疗方法,比国外对天花的记录早500多年,比英国乡村医生詹纳发明牛痘接种术早1500多年。关于肺结核,葛洪称之为"尸注"或"鬼注","注"是传染的意思,"尸""鬼"则指病原体。他明确指出患肺痨病的人具有极强的传染性,"死后复传之旁人,乃至灭门",因此告诫人们一旦患上这种病,应当立即隔离治疗。

《肘后备急方》还最早详细而准确地描述了沙虱(恙虫)的形态和习性:"山水间多有沙虱,甚细,略不可见。人入水浴,及以水澡浴,此虫在水中著人身,及阴天雨行草中,亦著人,便钻入皮里。其诊法:初得之皮上正赤,如小豆黍米粟粒,以手摩赤上,痛如刺。三日之后,令百节强,疼痛寒热,赤上发疮。此虫渐入至骨,则杀人"。这是一种由恙螨作为媒介传播的的急性传染病,流行于东南亚和我国的台湾、东南沿海等地。直到20世纪20年代,国外才逐渐发现了恙虫病的病原是一种"立克次体"。而葛洪早在1600多年前,在没有显微镜的情况下,就将该病的病因、症状、发病地点、感染途径、预后及预防等信息进行了详细的记载,还指出该病见于岭南,与今天临床所见一致,令人叹服。

在药物治疗实践中,葛洪不仅发展了前人创造的中药药剂,而且创用了多种新型药剂,除最常用的汤剂外,还有丸剂、膏剂、洗剂、灌肠剂、熏剂、滴耳剂、散剂、动物脏器制剂等。他创造性地用狂犬的脑敷贴在被狗咬的创口上,以治疗狂犬病。到了19世纪,法国的巴斯德才证明狂犬脑中有抗狂犬病物质。葛洪采用的制剂工艺具有一定的科学性,如冷浸法、温浸法、蒸馏、飞水、水煎等,这在现代药剂学中依然具有很大的现实意义。葛洪还曾做过汞与丹砂还原变化的实验,这是世界上最早发现的化学还原反应,是炼丹术在化学上的一大成就。炼丹术后来传到西欧,也成了制药化学发展的基石。

《肘后备急方》对今天的中医药研究依然具有启发意义,屠呦呦当年在面临研究困境时,就是从《肘后备急方》卷三"青蒿一握,以水二升渍,绞取汁,尽服之"的截疟记载中得到灵感,由此改用低沸点溶剂的提取方法,从青蒿中成功提取抗疟物质青蒿素。

【素材出处】

百度百科:https://baike.baidu.com/item/葛洪/28958?fr=aladdin;曾庆香:《浅述葛洪及其医药学》,载《科教导刊(电子版)》,2019,4:295-296。(根据以上资料整理)

【案例点评】

葛洪事迹中包含的思政元素:

(1)文化自信。葛洪在医学思想和医德、疾病认识与治疗等领域都颇有建树,特别是总结天花的治疗方法比西方早1500多年,记载恙虫病的病因、症状、感染途径等信息比西方早1600多年,发现狂犬脑可治疗狂犬病比西方早1500多年,令人惊叹、让人自豪。

(2) 责任担当。葛洪关心民间疾苦,致力于改变救急药方不易懂、药物难找、价钱昂贵的弊病,体现了他的博爱精神和担当精神。

(3) 淡泊名利。葛洪晚年放弃高位,与妻子隐居深山,积极从事采药炼丹活动并笔耕不辍,以造福百姓为己任,体现他淡泊名利的精神和造福于民的追求。

(4) 敬业精神。葛洪对客观事物观察细致入微,擅长对观察到的现象进行系统总结,他能在中医急症诊治中作出突出贡献,离不开他刻苦钻研、勤于实践的敬业精神。

(5) 创新精神。葛洪创用多种新型药剂,对制剂工艺也有创新,对中医药的发展有重要意义。"老药新用""老方新用"在今天发挥着重要作用,也是创新的体现。

【教学建议】

本案例可用于"医学导论"课程中国医学史概要部分"两晋、隋唐、五代时期的医学"内容的教学,由教师讲授;葛洪发现恙虫病的事迹还可用于"医学微生物"课程立克次体部分"病原体宿主"内容的教学,由教师讲授。

(隆娟　郭昆全　位秀丽)

3　近代解剖学之父——维萨里

【案例呈现】

安德雷亚斯·维萨里（Andreas Vesal，1514 年—1564 年），1514 年诞生于布鲁塞尔的一个宫廷御医之家，从小就立志要成为一名医生。他 14 岁时进入鲁汶大学学习美术，当时鲁汶大学是欧洲人文主义思想的中心，对年轻的维萨里产生了巨大的影响，为他在解剖学上的大胆突破奠定了基础。1533 年，维萨里进入巴黎大学学医，在那里，他对解剖学产生了浓厚的兴趣，并经常在巴黎圣婴公墓研究人的骨骼。1536 年，由于战争的影响，他转入当时欧洲医学研究最好的大学——帕多瓦大学学习，并于 1537 年获得博士学位。由于出众的医学才能，维萨里一毕业就被帕多瓦大学聘为讲师，讲授外科学和解剖学。

当时的欧洲医学界奉行的是古罗马医学家盖伦（Claudius Galenus）的理论，这位比维萨里早 1000 多年的医学家有很多理论是正确的，如动脉是送血而不是送空气的，人类是用大脑思考而不是用心脏思考的；但也有许多观点是错误的，比如他没有认识到血液循环，认为静脉系统与动脉系统无关联。盖伦的时代不允许解剖人类尸体，他在没有解剖过人体的情况下，根据对猴子、猪等动物的解剖结果创立了针对人体的医学理论。1000 多年里，盖伦的理论被奉为金科玉律，没有人去试图验证这些经验的正确性。但维萨里与众不同，通过对人类骨骼的研究，他发现人体的真实情形同盖伦的描述有许多不一致。在教学中，他使用解剖工具亲自演示操作，而学生则围在桌子周围观察学习。这种面对面的亲身体验式教学是对中世纪医学教育实践的一个重大突破。

1543 年，一本划时代的著作——《人体结构论》完成，它开启了解剖学的新时代，并在该领域产生了意义深远的革命，其作者正是 29 岁的维萨里。在《人体结构论》诞生之前，维萨里已经进行了多年的整理编撰工作。1539 年，一位帕多瓦的法官对维萨里的工作产生了兴趣，并允许他解剖被处决的罪犯尸体，因此，维萨里得到了一批详细、准确的解剖详图，并邀请著名的画家进行绘制。

比起精美的制作，这本书最大的意义还是它对解剖学的巨大贡献。它强调了解剖工作要把人体内部机能看成一个充满了各种器官的三维物质结构，第一次正确描绘了蝶骨，描述了奇静脉；发现胎儿在脐静脉和腔静脉之间的管道，并命名为"静脉导管"；描述了网膜及其与胃之间的关系，还描述了脾和结肠；第一次正确给出幽门的构造；观察了男性阑尾的尺寸，第一次正确记述了纵隔、胸膜和当时最全面的大脑解剖描述。同时,他还第一次描述了人工呼吸。

维萨里对传统医学理论的颠覆引来了教会的不满,也遭到了盖伦卫道士的反对,令他伤心的是,在最激烈的批评者中有两位正是他在巴黎求学期间的老师。具有讽刺意味的是,从教学思想上来说,更接近盖伦的反而是维萨里。盖伦曾经语重心长地说:"如果谁要观察大自然的作品,他不应信任任何解剖书,而要相信自己的眼睛。"那些以盖伦忠实信徒自居的卫道士们恰恰违背了祖师爷最重要的教导。

据说,维萨里因为进行活体解剖而被宗教裁判所判了死刑,虽然国王赦免了他的死罪,但还是要他到耶路撒冷朝圣赎罪。1564年,他在返回帕多瓦的途中病逝,年仅50岁。这就是科学每一次突破需要付出的代价——质疑、责难、打击乃至付出生命,几乎伴随着科学发展的整个历史,但这些进步给人类带来了巨大的福祉。维萨里不是第一个进行实际解剖的人,但他让解剖学成为一门真正系统的、正确的科学,点燃了现代医学文明的火炬。

【素材出处】

李白薇:《安德雷亚斯·维萨里:开创解剖学新世纪》,载《中国科技奖励》,2014.7:78-79;顾凡及:《近代解剖学之父——维萨里》,载《自然杂志》,2016,6:461-466。(根据以上文献整理)

【案例点评】

维萨里的事迹包含以下思政元素:

(1)科学精神。维萨里通过深入研究,认识了人体结构,完成了《人体结构论》,颠覆了传统医学理论,体现他不盲从、不迷信权威的客观理性精神;维萨里对人体结构的认知,来源于大量的实践,为了更好地研究人体结构,他冒着危险,经常盗取尸体进行解剖,以丰富的解剖实践资料对人体的结构进行了精确的描述,体现了严谨求实的精神;此外,他突破中世纪教学实践,采取与学生面对面亲身体验式教学,对医学教学的发展有重要意义,体现了探索创新精神。

(2)奉献精神。维萨里在研究人体结构的过程中,承受了来自教会势力和盖伦卫道士的攻击,其中还包括他的学业导师,甚至因此被判死刑,但他始终不改初衷。他用自己的付出甚至牺牲换来了科学和人类的进步。

(3)重视实践。在实践与认识的辩证运动中,只有人类的实践是检验认识的真理性的标准。盖伦通过解剖动物,得出的关于人体结构的认识是不完全正确的,而维萨里通过解剖人体,得出了更接近人体真实情形的认识。

(4)批判性思维。盖伦通过解剖动物创立了针对人体的医学理论,并在长达一千多年的时间里被奉为金科玉律,维萨里在实践中发现了盖伦的理论的谬误,通过大量的解剖和深入研究让解剖成了一门真正系统的、正确的科学,批判性思维在医学理论的发展中有着重要作用。

【教学建议】

本素材可用于"系统解剖学"课程总论部分"解剖学发展史"内容的教学,由教师讲授。

(隆娟 刘幸卉)

4 生理实验科学的创立者——威廉·哈维

【案例呈现】

威廉·哈维(William Harvey,1578年—1657年),英国17世纪著名的生理学家和医生。他于1578年出生于英国肯特郡福克斯通镇,在坎特伯雷的著名私立学校受过严格的初、中等教育,15岁时进入剑桥大学学习了两年与医学有关的一些学科。1602年,他又进入当时欧洲最著名的高等科学学府——帕多瓦大学,在著名的解剖学家法布里休斯(Fabricius Hieronymus)指导下学习。哈维在此学习期间,不仅刻苦钻研、积极实践,被同学们誉为"小解剖家",而且在法布里休斯从事静脉血管解剖和静脉瓣的研究中发挥了重要作用,成了老师的得力助手。这个时期的学习和实践,为他后来确立心血管运动的理论奠定了牢固的基础。此后不久,他又在英国剑桥大学获得医学博士学位,时年24岁。

古代欧洲对心脏血管机能的概念极为模糊。早在古罗马时代,盖伦提出的血液运行理论,代表着当时解剖学和心理学的进展。但到了中世纪,盖伦的观点仍保持着权威(主要是因为他将全身的体液分为三种类型,分别与静脉、动脉和神经有关,这恰好和后来基督教义中的"三位一体"说相吻合,受到教会势力的尊崇),阻碍了生物相关学科的发展。文艺复兴之后,生物学才展示出蓬勃发展的前景。16世纪,解剖学之父维萨里否定了盖伦血液循环运动中的错误看法。他的同学塞尔维特(Miguel Servet)继续了血液运动的研究,发现了血液的肺循环,他坚持自己的观点并拒绝"悔过",因此被教会势力烧死。法布里休斯在1603年发布了《论静脉瓣膜》,描述了静脉内壁上的小瓣膜永远是向着心脏打开、反方向关闭的。这些都为哈维发现血液循环理论奠定了基础。

哈维在对前人经验进行总结的基础上提出了血液循环理论。他首先对心脏的功能结构做了研究,发现心脏其实分为两个心房和两个心室,大动脉和左心室相连,静脉与右心房相连,肺静脉和肺动脉又与右心室和左心房相通,形成小循环。同时哈维还发现动脉有收缩、扩张的能力,静脉只有让血液一个方向进入心脏的功能。为了验证自己的观点,他用了一个简单的数学运算:他通过解剖算出左心室大约能包含28克血,脉搏每分钟跳72次,这样计算,每小时左心室进入的血液大约是244.94千克,大约是三个成年人的体重,这是绝对不可能的,唯一合理的解释就是血液是一直在循环的。提出这个假说后,他花了9年时间来做实验并仔细观察。

1628年,哈维的著作《心血运动论》出版,他在书中提供了大量证据来证明血液循环理论:血液从左心室流出,经过主动脉流经全身各处,然后由腔静脉回流入右心室,经肺循环再回到左心室;人体内的血液是循环不息地流动着的,这就是心脏搏动所产生的作用。这就是近代医学发展史上具有里程碑意义的血液循环理论。哈维的新学说动摇了盖伦的理论体系,也就动摇了教会的权威地位。所以,血液循环理论问世之后,遭到经院学者和教会人士的猛烈攻击,他不得不在各种场合对他的新理论进行诠释,对无理诋毁者进行驳斥,新的科学体系在谩骂声中成长起来。

"心血运动论"和"日心地动说""自然哲学的数学原理""相对论"一起,被认为是影响世界历史进程的四大著名理论。恩格斯说:"哈维由于发现了血液循环把生理学确立为科学。"可见哈维在生理学乃至整个世界的医学进程中的巨大贡献。当然,哈维的研究并非毫无疏漏。例如,他没有观察到动脉和静脉之间存在的毛细血管,所以揣测,血液从动脉转入静脉时是通过细胞组织渗透过去的。1661年,意大利解剖学家马尔比基(Marcello Malpighi)用显微镜观察到动脉与静脉之间的毛细血管,完全证明了哈维推断的正确性。

【素材出处】

贾沐恬、杨鑫、刘震:《浅析哈维的科学思想——以血液循环理论为例》,载《现代交际》,2019,3:222-223。(根据以上文献整理)

【案例点评】

威廉·哈维发现血液循环理论的事迹包含以下思政元素:

(1)科学精神。哈维根据自己掌握的知识对盖伦的学说产生了质疑,最终成功地发现了血液循环理论,受到教会人士的攻击也不屈服,体现了他不迷信权威、敢于坚持真理的客观理性精神;提出血液循环假说之后,经过了长达9年的实验和观察,最终验证了这一观点,体现他严谨求实的精神。

(2)献身精神。维萨里、塞尔维特和哈维因为否定了盖伦的观点而遭到教会势力的迫害,但他们从未退缩,正因为他们有这种为科学献身的精神,人类才会在文明的历程中走向前进。

(3)批判性思维。盖伦关于血液运行的理论长期被奉为权威,而维萨里否定了盖伦血液循环中的错误说法,塞尔维特更是发现了肺循环,这种批判性思维对血液循环理论的建立有重要意义。

(4)辩证思维。盖伦提出的血液运行理论,代表着当时解剖学和心理学的发展,但哈维等人通过实践证明了他有些观点是错误的,并建立了血液循环理论;哈维对血液如何从静脉转入动脉没有得出正确的认识,马尔比基发现毛细血管,使这个理论更加完善,说明人类对人体奥秘的认识是一个永无止境的、螺旋式上升的发展过程。

【教学建议】

本素材可用于"生理学"课程血液循环部分的教学导入,由教师讲授。

（隆娟　张志锋　高志婕）

5　公共卫生医学的开拓者——约翰·斯诺

【案例呈现】

约翰·斯诺(John Snow,1813年—1858年),英国麻醉学家、流行病学家,被认为是麻醉医学和公共卫生医学的开拓者。他从外科学徒开始,一步一个脚印,直到成为皇家外科、内科医学院的双料"院士",并被维多利亚女王聘为私人医生。他是麻醉学的开拓者之一,第一个研究了麻醉药乙醚的用量和疗效的关系。在发现氯仿可用作麻醉剂后,他大胆地将之用在维多利亚女王身上以减轻她生产的痛苦,从而一举获得大众对麻醉剂的认可。然而,斯诺最著名的贡献还是他对霍乱的研究,他因此被认为是流行病学研究的先驱。

霍乱是由霍乱弧菌引起的一种烈性传染病,在世界十大流行病中排名第六。历史上共发生了7次霍乱大流行,分别暴发于1817年、1829年、1852年、1863年、1881年、1889年和1961年。直到今天,在贫困和卫生条件恶劣的地区,霍乱仍然是可怕的瘟疫。1854年是霍乱史上关键的一年,因为在这一年,约翰·斯诺通过实地走访调查,将疫区的13个公共水泵和578名死亡病例的位置绘成了一幅"死亡地图",证明霍乱是通过水污染而不是空气污染传播的。

1854年,英国伦敦索霍区暴发霍乱。当时的医学界仍信奉"瘴气说",即认为霍乱和黑死病(鼠疫)一样,是由"有毒的空气"引起的。斯诺对这个说法提出质疑:如果霍乱是因为"瘴气"引起的,为什么住在同一条街上、呼吸着同样空气的人,有些受影响,而另一些不受影响?为什么霍乱的症状不是在肺部而是在消化系统中?因此,他冒着被传染的巨大危险,挨家挨户走访霍乱患者的居所,了解其生活细节,并做了详细的记录。

通过调查,他很快发现霍乱主要分布在贫民区的两条街上:宽街和剑桥街。斯诺创造性地在地图上标记所有死者的居住点,结果柳暗花明般地显示,死者集中分布在宽街和剑桥街交叉口的一处免费公共水泵附近,而有些住在同一条街的住户却无人死亡。这些住户和其他住户在生活习惯上有何不同呢?进一步的调查显示,他们都在离宽街180米远的一家啤酒厂工作,工厂提供免费啤酒,这些工人平时几乎不喝水泵抽上来的水。离宽街不远的一个监狱有500多名囚犯,也没有霍乱病例,是因为该监狱有自己的水井,同时从另一个水厂购买了大量水,也没喝宽街水泵的水。那么,霍乱是否与饮用水有关呢?

斯诺接着调查两条街的水源情况,发现水是从河里打来的,而河水被伦敦排出的脏水污染了。他于是建议拆掉水泵把手,关掉水泵,让居民喝其他地方运来的水,不久,疫情即缓解。而且调查得知,在伦敦的另一个地方,有两个死于霍乱的患者都不是来自宽街的,但他们喜欢宽街的水,每天都要到宽街的水泵打水回去喝。这一切形成一个"证据链",证明了霍乱是由被污染的水传播的。根据斯诺的论文《论霍乱传递模式研究》,英国当局在城市中清除了无数污染源,并开始在全国建设供水和下水道系统。1866 年,第四次霍乱大暴发期间,霍乱在俄罗斯造成了超过 100 万人的死亡,而英国仅仅死了 2000 人左右,伦敦也因此被誉为世界上第一个"智慧城市"。

约翰·斯诺将统计学应用于水质和霍乱个案联系的研究,第一次令人信服地确定了霍乱的传播方式,找到了真正有效的预防方法。他关于霍乱的研究被视作流行病学的发端,他的地图标记法是空间统计学的起源。几乎同时,1854 年,意大利的显微镜专家菲利浦·帕西尼(Filippo Pacini)已经发现霍乱患者的粪便中含有一种独特的微生物,并对这种微生物的特征、破坏性进行了详细的描述,但他的伟大思想仍被一个"瘴气说"所诱惑的医学界所拒绝,他的光辉在他死后才被认可。30 年后,1883 年,第五次霍乱世界大流行期间,伟大的细菌学家科赫(Robert Koch)在埃及分离出霍乱弧菌,完全符合他的"科赫法则",这才真正确定了霍乱的罪魁祸首。临床医学、流行病学、基础医学——播种、开花、结果。

【素材出处】

卢明、陈代杰、殷瑜:《1854 年的伦敦霍乱与传染病学之父——约翰·斯诺》,载《中国抗生素杂志》,2020,4:347-373。(根据以上文献整理)

【案例点评】

约翰·斯诺研究霍乱疫情的事迹包含以下思政元素:

(1)科学精神。霍乱第三次大暴发时,斯诺没有受"瘴气说"的影响,直接将霍乱起因归为"有毒的空气",而是通过走访调查,用详细的信息和完整的"证据链"证明了霍乱与水污染之间的关系,体现了他客观理性、严谨求实的精神;他创造性地将疫区的公共水泵和死亡病例的位置绘成"死亡地图",在霍乱研究中发挥了重要作用,成为空间统计学的起源,体现了探索创新的精神。

(2)奉献精神。为了弄清楚霍乱流行的原因、尽快抑制疫情,斯诺冒着被传染的巨大危险,到霍乱患者的居所走访,体现了他为科学献身的精神,也体现了他的敬业精神。

(3)批判性思维。斯诺通过观察霍乱疫情的特点,对当时流行的"瘴气说"提出了质疑,并最终通过证据推翻了"瘴气说",得出了关于霍乱的传播途径的正确认识——水污染,批判性思维起了重要作用。

【教学建议】

本素材可用于"医学微生物"课程弧菌部分的教学,由教师讲授,或用于材料补充;也可用于"预防医学"课程绪论部分,用于"预防医学与公共卫生发展简史",以及"疾病地区分布"内容的教学。

(隆娟　位秀丽　刘颖)

6 细菌学之父——科赫与"科赫法则"

【案例呈现】

罗伯特·科赫(Robert Koch,1843年—1910年),1843年冬出生于德国汉诺威州的一个矿山工程师家庭,自小聪慧过人,高中时期就表现出对微生物学的浓厚兴趣。在哥廷根大学读书期间,他师从德国病理学家、解剖学家和组织学先驱亨勒(Friedrich Gustav Jakob Henle)教授;1866年,科赫大学毕业后留在柏林学习,受到鲁道夫·魏尔肖(Rudolf Virchow)提出的细菌病原学观点影响,该观念认为所有细胞都来源于先前存在的细胞。普法战争爆发后,他入伍担任军医,被战争和受病痛折磨的人民群众深深震撼,退伍后,他潜心研究疫病的病因。科赫一生成就颇多,被后人誉为"细菌学之父"。他的研究使千万生灵被挽救,对后世微生物学和免疫学等学科的发展也有着极为深远的影响。

1870年,科赫在东普鲁士的一个小镇担任医疗官,正好赶上那里暴发炭疽病,造成528人和56 000多头牲畜死亡。为了遏制疫情的危害,科赫开始用老鼠做实验。他用死于炭疽病的绵羊血液接种老鼠,老鼠第二天就死亡了,尸检时,老鼠的血液、淋巴结和脾脏中都有杆状生物,再用第一只老鼠的血液来接种第二只老鼠,会出现同样的结果。通过重复接种,科赫发现这些动物血液中都有杆状生物,健康牲畜的血液中却没有。这是人类第一次用科学方法证明"一种细菌只能引起某种特定的疾病"。此外,科赫还创造性地用房水(充满在眼前后房内由睫状体突产生的透明清澈液体)作为"培养"细菌的媒介,观察细菌的变化情况,由此发现了细菌在疾病发病中的重要性,并提出了有效的预防措施。科赫对炭疽杆菌的研究不仅控制了炭疽病的蔓延,也促使细菌学迎来蓬勃发展的时代。

炭疽杆菌研究结束之后,科赫将注意力转向了结核病。立足于前人的研究,他的团队尝试解开结核病病原体的秘密。通过创造并改进酒精亚甲基蓝染色法,科赫发现结核菌是一种以杆状细菌形式存在的生物,无论是在胞内还是胞外,它都是在病变组织内成组出现的。这虽然不能证明这种生物是结核病的病原,却使科赫更加坚信结核病的微生物假说。他还发明了固体培养基,使用琼脂平板固定细菌,证明微生物的遗传保持着相对稳定性,之前流行的"多态性学说"也因此销声匿迹。琼脂平板的应用是医学史上的一件大事,连巴斯德都称赞这是"一个很大的进步"。利用培养基,科赫一共从4只实验感染的豚鼠、4只患结核病的牛和7名患者身上获得15种纯种结核杆菌培养物,并因此获得1905年的诺贝尔生理学或医学奖。

1883年,埃及出现霍乱并迅速暴发,德国政府在接到救援请求后,派出了多支救援医护工作队,其中的一支就是由科赫负责的。抵达疫区后,他们便开始紧张又令人恐惧的尸检。一个多月后,正当他发现若干病原影踪之际,这场霍乱戛然而止。严谨的科赫便申请并获批去霍乱的始发地印度继续调研,潜心寻找霍乱的根源。在检查了数十具病尸后,他们终于发现了一种呈半月状(弧状)且个体微小的细菌,这正是恶名昭著的霍乱弧菌。科赫通过不断地呼吁、请愿,终于说服了政府,更加严格的卫生条例得以颁布,疫情也因此得到有效控制。

基于长期的工作经验和对研究成果的总结,在借鉴他人成绩的基础上,科赫于1884年提出著名的"科赫法则",这个原则可谓病原微生物鉴定的金科玉律,是后续病原微生物学研究方法建立的基础,具体内容如下:

①病原微生物必然存在于患病者体内,不应出现在健康者体内;

②可以从患病者体内分离得到该病原微生物的纯培养物;

③将分离出的纯培养物人工接种敏感者时,会出现该疾病特有的症状;

④从人工接种发病者体内可以再次分离出性状与原病原微生物相同的纯培养物。

"科赫法则"一经提出就为人们研究病原微生物提供了方法指导,并促使人们对病原纯培养物展开研究,进而提出了多种疾(疫)病防治方法,真可谓功德无量。它虽然具有一定局限性,但至今仍是新发传染病特异性致病微生物病因推断的主要原则,它所含的思维逻辑依旧闪烁在流行病学的历史长河中。

科赫的一生为人类留下了太多宝贵的财富:他发现了霍乱弧菌和结核病菌,证实了炭疽病的元凶,对抗、战胜昏睡病、疟疾、红水热、黑水热、麻风、牛瘟、淋巴结鼠疫等战役中都有他不可磨灭的功绩。据后世估算,科赫至少为人畜疾病医治提供了五十余种方法,即便是在科技发达的今天,其工作的全部意义依然无法准确衡量。细菌学之父,名副其实!

【素材出处】

章奇、吴俊、叶冬青等:《病因推断的远征者:罗伯特·科赫》,载《中华疾病控制杂志》,2020,10:1237-1240;张庆华、姜有声、许丹等:《教学案例"科赫——细菌学的奠基人"实施及效果》,载《教育现代化》,2020,11:162-164。(根据以上文献整理)

【案例点评】

科赫的事迹包含以下思政元素:

(1)家国情怀。科赫在普法战争期间中看到人民饱受战争和疾病的摧残,一生致力于研究疫病的病因,为成千上万的人带去生的希望,体现了他对国家和人民的热爱。

(2)敬业精神。他在十分简陋的条件下,克服重重困难,发现了炭疽杆菌,发现并培养了结核杆菌,研究了鼠疫、疟疾等多种传染病;为了总结"科赫法则",他曾经7次到国外做调研。这些都体现了他高度的敬业精神。

(3)科学精神。科赫能发现多种传染病菌、总结出"科赫法则",并不是偶然,这是以大量的试验和实验为基础的,体现了他严谨求实的精神。同时,科赫与他的团队发扬创新精神,创造性地使用房水培养炭疽杆菌芽胞、发明酒精亚甲基蓝染色法和固体培养基,对医学研究的发展起到重要推动作用。

(4)奉献精神。第五次霍乱暴发期间,科赫到埃及等地进行医疗援助,为了找出病因,他们冒着极大的危险开展令人恐惧的尸检,还主动申请到印度进行调研,检查大量的病尸。正是这种伟大的奉献精神,才使人类找到霍乱的元凶——霍乱弧菌。

(5)勤奋学习。科赫之所以给人留下大量宝贵的财富,一个重要原因是他有超高的专业素养。医学职业对专业素养要求很高,要做一名优秀的医生,必须努力学习、打牢基础。

【教学建议】

本素材可用于"医学微生物"课程绪论部分的教学,由教师讲授微生物学的发展。

(高志婕 位秀丽)

7 神经科学之父——拉蒙·卡哈尔

【案例呈现】

拉蒙·卡哈尔(Santiago Ramón y Cajal,1852年—1934年),西班牙病理学家、组织学家、神经学家,1906年诺贝尔生理学或医学奖得主。他创立的神经元学说奠定了近代神经科学的基础。

1852年,卡哈尔出生于西班牙阿拉贡自治区的一个医生家庭,从小性格叛逆,但在绘画、艺术和体操等方面有出色的才能,这对他日后的成功颇有助益。1868年,他跟着父亲进行解剖学研究,从此走上医学研究之路。1872年,他从萨拉戈萨大学毕业;1877年,在马德里获得博士学位。

19世纪中期,细胞学说已经推广到动物领域,但人们对神经组织的组成还存在疑惑,甚至不知道神经纤维和神经细胞之间的关系。1873年,意大利组织解剖学家卡米洛·高尔基(Camillo Golgi)发明了黑色染色法(高尔基银染法),使人们可以看到完整的神经细胞。高尔基用这种方法对神经组织的结构进行研究,并创立了神经组织网状学说,认为神经细胞之间是相互连接的,通过神经纤维的相互接触形成网络结构,神经冲动在这些网络结构中进行传递,细胞学说不适用于神经组织。

1886年,组织胚胎学家希斯(Wilhelm His)提出了不同的结论,他认为神经细胞体和它们的突起形成了一个独立的单位,但是没有直接的证据。1887年,卡哈尔学会并改进了高尔基银染法,使其更加稳定。用这个方法,他对小脑和视网膜进行观察,发现小脑分子层细胞的突起是以末梢的形式终止于浦肯野细胞体上的,神经细胞的轴突是自由的、终结的,而不是相互之间形成网状结构的。他意识到自己的发现的重要性,把文章译成德文(西班牙文不是科学上的通用语言),并带到国际学术会议上宣读。为了推广研究成果,他不顾经济窘迫,自掏腰包创办了杂志,每期都有60份送给其他国家的解剖学家。

1889年,卡哈尔在柏林召开的德国解剖学会年会上宣读了自己的论文,并展示了他在显微镜下的发现。这引起了与会学者的关注,他的发现也逐渐得到学界的肯定。1891年,卡哈尔的支持者瓦尔代尔(Wilhelm von Waldeyer)给神经细胞取了个专门的名字——神经元,这个学说被称为"神经元学说",而卡哈尔也就成了神经元学说的奠基人,他因此获得1906年的诺贝尔生理学或医学奖。有趣的是,坚持神经组织网状学说的高尔基与他分享了这个奖项。

【素材出处】

李相尧:《拉蒙·卡哈尔和神经元学说》,载《生物学教学》,2004,11:56;顾凡及:《神经科学之父——拉蒙·卡哈尔》,载《自然杂志》,2019,5:386-390。(根据以上文献整理)

【案例点评】

卡哈尔的事迹包含以下思政元素:

(1)科学精神。高尔基创立了神经组织网状学说,卡哈尔不迷信权威,通过对神经细胞的观察,发现了小脑和视网膜的神经细胞的轴突是自由的、终结的,大胆地否定了高尔基的观点,体现了他客观理性的精神;这种发现得益于他改进高尔基银染法,并经过了大量细致入微的观察,说明了创新精神和严谨求实的精神对于科学进步的重要性。

(2)奉献精神。为了推广他的研究成果,卡哈尔不顾经济窘迫,创办杂志,体现了奉献精神。

(3)家国情怀。由于西班牙语不是科学上的通用语言,西班牙人在科学中的发现被外界严重低估,卡哈尔希望通过自己的努力改变外界对西班牙人的刻板印象。正是怀着对国家的热爱,他才坚持不懈地介绍自己的研究成果。

【教学建议】

本素材可用于"组织学与胚胎学"课程"神经元的结构"部分,以及"组织学"课程绪论部分的教学,可由教师讲授,也可由学生课后自学。另外,教师可组织学生开展人体形态学绘图比赛活动来强化这个知识点。

(隆娟　吴诗诗)

8 心电图学之父——威廉·爱因托芬

【案例呈现】

威廉·爱因托芬(Willem Einthoven,1860年—1927年),荷兰生理学家,因其对心电图学的开创性工作和无与伦比的贡献而被誉为心电图学之父,并于1924年获诺贝尔生理学或医学奖。

1860年5月,威廉·爱因托芬出生在爪哇(今属印度尼西亚)的一个医生家庭,他从小由广东新会人洪妈一手带大。4岁起,爱因托芬跟着慈祥勤劳的洪妈到上海居住了6年,并在中国读了小学。然而,就在他上中学的时候,一直陪伴他的洪妈因为心脏病突发离开人世。爱因托芬十分悲痛,他暗下决心,毕生研究心脏病学,不让洪妈的悲剧重演。

带着对洪妈的无限怀念,爱因托芬回到荷兰,进入了以医科闻名于世的乌得勒支大学学医。大学毕业后,爱因托芬来到莱顿大学从事生理学的教学和研究工作,但心里始终放不下对心脏病的研究。为此,他找到了当时荷兰著名的医学家杜德。杜德年事已高,他把自己所有的研究资料都给了爱因托芬,并鼓励他坚持理想。于是,爱因托芬毅然决然地跑到物理学院,他因此被人认为"不务正业"。

当时,德国的科学家发现青蛙的心脏在跳动的时候产生了电,但这种电流很微弱,变化也很快,一般的电表无法检测出来。爱因托芬知道这个消息后就想:是不是别的动物的心脏在跳动过程中也会产生电流?于是,他又对多种动物进行了实验,证实了他的想法。那能不能发明一种能够记录人的心脏电流的设备呢?这不仅需要医学知识,还需要物理知识。他又开始努力学习自己并不熟悉的电学系统的知识。

经过艰苦卓绝的努力,1901年,爱因托芬设计的弦线式电流计问世,图形稳定,波形相对清晰。为了与以前的图形相区别,他将记录的心电图波形分别标记为P、Q、R、S、T波。第二年,他又在T波后记录到另一波,取名为U波,这些对心电图各波的命名一直沿用至今。1903年他首次发表了论文《一种新的电流计》,并获得广泛承认,标志着心电图临床应用的时代开始了。这不是这项伟大工作的结束,而恰恰是一项巨大工程的开始。最初,心脏电流记录技术的名称很多,爱因托芬提出"Electracardiogram"后,"心电图"这个名字就被采用为专用名词了。

心电图的问世,对心律失常、心脏电活动的形成、心脏特殊传导系统的深入研究起了决定性作用。之后,他继续对弦线式电流计进行改进,先后设计了多种型号。1906年,他首次记录了心房颤动的心电图、室性期前收缩的心电图等。爱因托芬也一直在研究导联的标准化工作,1906年他提出双极导联的概念和等边三角形学说,立即得到认可。1908年,他发表了论文《心电图新认识》,阐述了他记录心电图的临床经验,进而消除了其他人的怀疑。1924年,他获得诺贝尔生理学或医学奖,把奖金的一半赠送给已经去世的技术员的亲属,以感谢技术员生前对自己的协助。为了推广他记录心电图的临床经验,爱因托芬一直在寻求有实力、信誉好的公司生产心电图机。1908年,心电图机由剑桥公司承担生产。20世纪30年代初,弦线式被电子管、晶体管的放大器替代。之后,心电图机以意想不到的速度在世界范围内普及。

【素材出处】

梁水源:《爱,成就了心电图学之父》,载《思维与智慧》,2020,7:26。(根据以上文献整理)

【案例点评】

威廉·爱因托芬的事迹包含以下思政元素:

(1)科学精神。受德国科学家发现青蛙心脏产生电流的启发,爱因托芬经过艰苦卓绝的努力,发明了弦线式电流计,开创了心电图学,体现了探索创新的科学精神。

(2)拼搏精神。为了研究心脏病,学医的爱因托芬努力学习电学等物理知识,并克服重重困难。正是有这种顽强拼搏的精神,他才成功研制了用来记录人类心脏电流的设备。

(3)奉献精神。洪妈的去世让爱因托芬立志研究心脏病学,以免类似的悲剧重演,并为此奋斗一生,体现了他的奉献精神。

(4)感恩意识。他常常感谢给予他帮助的人,还把诺贝尔奖奖金的一半赠给已经去世的技术员的亲属,说明爱因托芬始终有着强烈的感恩意识,这也是他人格魅力的重要组成部分。

【教学建议】

本素材可用于"心理学"课程血液循环部分"心脏的电生理学及生理特征"内容的教学。

(隆娟　张志锋)

9 鼠疫斗士和中国公共卫生先驱——伍连德

【案例呈现】

伍连德（WU LIEN-TEH，1879年—1960年），男，字星联，祖籍广东，生于马来西亚槟榔屿，剑桥大学医学博士，中国卫生防疫、检疫事业创始人，中国现代医学、微生物学、流行病学、医学教育和医学史等领域的先驱，中华医学会首任会长，北京协和医学院及北京协和医院的主要筹办者，1935年诺贝尔生理学或医学奖候选人，也是首位华人诺贝尔奖候选人。

1910年秋的晚清东北三省，鼠疫四处蔓延。这场瘟疫的发源地是当时沙俄的西伯利亚地区。沙俄把中国工人和可能已经被传染的人用火车运送到中国，导致鼠疫进入中国东北，短短几个月时间便夺去数万人的生命。疫情重灾区哈尔滨笼罩在极度恐怖的氛围中，人们争先恐后地逃离这片寂静之地。日俄两国更以卫生防疫为由，准备抢夺东北三省的控制权。就在这时，在卫生防疫大臣的推荐下，伍连德身负国家重任来到疫区，救民于水火。他，是中国近现代医学界最早的"逆行者"。

鼠疫暴发初期，医疗设备极端缺乏，医护人员只有十几名，而且他们自身也没有隔离防护的意识，死亡人数持续上升。到哈尔滨以后，伍连德与助手背负着法律的严令禁止和巨大的舆论压力，偷偷解剖了一具鼠疫患者的尸体，在尸体中发现鼠疫杆菌。他断定病菌的传染方式是飞沫传播，排除了老鼠作为传染源的可能性，"肺鼠疫"一词正式由他提出。因此，他鼓励人们佩戴口罩，主张以隔离鼠疫患者和限制人群流动为防控重点。然而，他的观点却遭到外国许多权威科学家的质疑，因为这与鼠疫只能由老鼠或者跳蚤传播而不能在人与人之间传播的传统观念背道而驰。日俄两国认为老鼠是此次疫情传播的途径，并开展了大规模的灭鼠行动，却没能阻止疫情的蔓延。法国著名医师、北洋医学堂首席教授梅聂坚决反对伍连德的观点，认为老鼠才是感染蔓延的关键。不巧的是，梅聂在给鼠疫患者做体格检查时未佩戴口罩，因此感染鼠疫去世了，临终前他终于承认此次鼠疫是经呼吸道传播的。

在缺乏有效治疗方法的情况下，伍连德指挥了一场疫情攻防战：将疫情最为严重的傅家甸分为四部分，每部分由具有防疫知识的医疗人员负责，并配备大量医护人员及安保力量，实行责任区域制度；借调1160名步兵管控疫区内的交通，禁止疫区内的人员相互往来，于1月21日将东三省与京、津等地的铁路交通完全关停，防止疫情继续蔓延到关内；借调了120节火车车厢作为隔离营。这样的创举,古今罕见。

然而,在采取一系列措施控制传染源、切断传染链后,效果依旧不好。伍连德发现,疫情使大量人员死亡,加之天气极度严寒,挖掘墓穴、埋葬尸体极其困难,大量堆积的尸体成了病菌的天然温床。他立即上书清政府,请求集中火化鼠疫死者尸体。这种做法与中国传统的殡葬习俗相悖,且中国自古以来重视亡者尸骨,因此,这个要求遭到激烈反对。伍连德没有让步,表示愿意一人承担责任,并带着那些极力反对焚尸的乡绅参观堆积如山的尸体。看到遍地堆积的尸体,乡绅们理解了焚尸的必要性。于是,官员和百姓一致上书清政府,表示愿意为了扑灭疫情火化亲人的遗体。此后,死亡人数开始下降,1911年3月1日,死亡和感染人数清零。这场骇人听闻的世纪鼠疫大流行在经历7个月后最终被控制,这是中国首次尝试采用现代科学卫生防疫理念抗击传染病且取得了瞩目的成就。伍连德的鼠疫防治案例堪称世界流行病学史的典范,他率先带领中国防疫事业走向新的开端。

1911年4月,在伍连德等人的精心筹备下,"万国鼠疫研究会议"在奉天(沈阳)顺利召开,伍连德因为在扑灭东北鼠疫大流行中有着历史性的贡献而当选大会主席。这是近现代在中国本土举办的第一次真正意义上世界范围的学术会议,提高了中国在国际科学界的地位,也极大推动了中国公共卫生与预防医学的发展。此后,伍连德没有停下前进的脚步,继续参与后续的几次大规模的鼠疫和霍乱大流行的防治工作,并创下多个"第一":创办中国历史上第一个常设卫生防疫机构"东北防疫事务总处";创办中华医学会及其会刊《中华医学杂志》,参与创建首家国人独资经营的大型综合西医医院——北京中央医院(今北京大学人民医院);创建专门培养医学人才的滨江医学专门学校(今哈尔滨医科大学);为了维护国家主权,制定了第一部中国自己的《海港检验章程》;用英文撰写并出版了第一部《中国医史》,向世界介绍中国医学史……

早在1924年,梁启超就对伍连德给予了极高的评价:"科学输入,垂五十年,国中能以学者资格与世界相见者,唯伍星联博士一人而已!"1935年,伍连德作为首位华人候选人获得诺贝尔生理学或医学奖提名,理由是在肺鼠疫防治实践和研究上的杰出成就以及发现旱獭在其传播中的作用。

如果这些光芒太过耀眼,那么,日常生活中也有伍连德的贡献。如今的旋转餐台是他发明的,公筷、公勺是他建议使用的,2020年,用来对抗新型冠状病毒的口罩就是以"伍氏口罩"为原型制成的,他的隔离、预防措施也发挥了重要作用。在他离世60年以后,他的学识和智慧依然守护着中国人民。

【素材出处】

毛艳梅、吴俊、潘海峰等:《博学载医,赤心爱国——纪念鼠疫斗士和中国公共卫生先驱伍连德》,载《中华疾病控制杂志》,2019,8:1021-1024;陈英云:《伍连德爱

国主义精神的时代价值及实践意义》,载《继续教育研究》,2018,10:51-57。(根据以上文献整理)

【案例点评】

伍连德的事迹包含以下思政元素:

(1)爱国情怀。他毕业于剑桥大学,却回到满目疮痍的祖国,并且用自己的学识守护中国人民,这种选择源于对祖国和骨肉同胞深沉的热爱,他已经把自己的命运和国家、民族的命运联系在了一起。

(2)责任担当。为了扑灭鼠疫,他毅然"逆行",主动承担了救民于水火的重任,并对中国公共卫生体系的建立和发展做出了卓越贡献,将对国家和人民的热爱转化成实际行动。

(3)科学精神。他通过解剖尸体发现了鼠疫杆菌在人之间的传播,正式提出"肺鼠疫"的概念,就算权威人士质疑、反对,他也毫不退缩;用分区负责和切断交通、建隔离营的方法来切断传染链,这种创举在今天依然发挥着极其重要的作用。这些举措体现了他客观理性、严谨求实、探索创新的科学精神。

(4)坚持原则。为了控制传染源,他不惧与传统观念、传统势力斗争,坚持焚烧尸体,说明他内心坚定且勇敢,也说明了科学抗疫的重要性。

(5)民族自信心。在"万国鼠疫研究会议"中,伍连德因为在扑灭鼠疫大流行中的杰出贡献而当选大会主席,说明中国人在科学领域也能做出令人瞩目的成就。

(6)勤奋学习。正因为他有着高超的专业水准,才能在此次鼠疫防控中有出色的表现,说明专业知识对于胜任工作的重要性。

(7)国际视野。伍连德制定了第一部中国自己的《海港检验章程》,用英文撰写并出版了第一部《中国医史》,向世界介绍中国医学史,体现了他维护国家主权与形象的决心,用行动积极提升了中国在国际社会中的地位。

【教学建议】

本素材可用于"医学微生物"课程动物源性细菌部分"鼠疫耶尔森菌"内容的教学,与"731部队的活体实验"分别作为正反面教材,由教师讲授,可作为课前预习或课后补充材料提供给学生自学;也可用于"预防医学"课程绪论部分"预防医学与公共卫生发展简史"的介绍,以及"传染病预防与控制"内容的教学。

(隆娟 位秀丽 刘颖)

10　国际主义战士白求恩

【案例呈现】

白求恩,全名亨利·诺尔曼·白求恩(Henry Norman Bethune,1890 年—1939 年),加拿大共产党员,国际主义战士,著名胸外科医师。1890 年,白求恩出生于加拿大安大略省的一个牧师家庭,1935 年加入加拿大共产党,1938 年来到中国参加抗日革命。1939 年 11 月 12 日,他因给伤员做手术时感染细菌转为败血症逝世。

1916 年,白求恩毕业于多伦多大学医学院,1922 年被录取为英国皇家外科医学会会员;1923 年,白求恩通过了非常严格的考试,成为英国皇家外科医院的临床研究生。学成后他回到美洲,无偿替穷人看病,并且公开讨论美-加医疗体系的弊端,这些义举触及了体制和同行的利益,他因此成为行业公敌。1926 年,白求恩不幸染上肺结核,为了给自己治病,他冒险发明气胸疗法,以自己为试验品治愈了绝症。他也因祸得福成为这个领域的名医被邀请入皇家医学会,成为加拿大胸外科开拓者爱德华·阿奇博尔德医生的第一助手。他发明和改进了十几种医疗手术器械,还发表了 14 篇有影响力的学术论文。1935 年,他被选为美国胸外科学会会员、理事,是享誉北美的胸外科专家。

1935 年 8 月,白求恩参加了在苏联召开的第十五届国际生理学大会,在那里,他看到了"社会主义医疗制度"——全部免费和覆盖全员、由国家财政负担的福利医疗体制,并真心认为这是世界上最好的医疗制度。从苏联回国后,他加入了加拿大共产党。次年,西班牙内战爆发,46 岁的白求恩放弃在加拿大的一切,立下遗嘱,赶赴西班牙参加反法西斯斗争。在离开西班牙前,他曾写下了自己的"墓志铭":生是资产阶级分子,死为共产主义者。

1938 年 3 月,受加拿大和美国共产党的委托,白求恩抵达延安支援中国人民抗战。在延安工作了一段时间后,他奔赴晋察冀前线。刚到晋察冀时,毛泽东和党中央指示每月给他 100 元薪水,他回电拒绝,但党中央坚持,他只好收下并用这些钱来买医疗用品和给伤员补充营养。此外,他还把自己带来的所有医疗器械和物品捐给了前线。今天的人很难想象当时晋察冀前线物资匮乏的程度:缺少酒精,没有精盐和石膏布,甚至连肥皂都缺,更不用说其他基本的药材。没有手术手套,白求恩只好裸手给伤员取弹片和碎骨头,并因此多次割破手指引起发炎。手指发炎后他舍不得给自己做手术和用药,只是在盐水中浸泡消毒,这也是他后来牺牲的主要原因。

为了给伤员争取更多救治的机会,白求恩一再要求手术台离前线越近越好。他做手术干净利落而且速度极快,这就意味着能挽救更多生命。他提出的战地外科手术三原则CEF,即close(近,离前线越近越好)、early(早,越早手术越好)、fast(快,手术速度越快越好),至今仍被奉为战场急救圭臬。广灵公路伏击战中,他在离前线不远的小庙里连续工作了40个小时,做了71台手术,这71名伤员没有一个死亡和重度感染。在之后的齐会战斗中,他又创下连续工作69个小时、为115个伤员做手术的记录。

除了外科手术,白求恩还创制了流动输血车和野战伤员急救系统,这被认为是当今各国现代军队普遍采用的野战外科医疗方舱的雏形。在中国敌后抗日根据地,他也是战地输血的开创者。1938年夏,白求恩途经八路军120师的后方医院,短短几天,他对200多名伤病员进行了诊治,给20多名重伤员做了手术。也是这一次,八路军的医务人员第一次接触到输血技术。当时,白求恩给一个重伤员做下肢截肢手术,需要输血治疗,他果断地说:"我是O型血,输我的吧!"在他的带动下,后来又有一个医生和两个护士也给伤员输了血。之后,输血技术才在敌后抗日根据地的医院逐渐推广。

在工作中,白求恩对医护人员的要求到了严苛的程度,发现消毒不到位、手术器械没摆好、晚上护理值班打瞌睡、做手术时抽烟聊天、不肯为伤员洗澡或洗脚、嫌伤口臭戴口罩等现象,他都要发火骂人。针对八路军的医务人员大多没有受过专业训练的情况,他亲自编写教材、授课,并完成了重要的医学著作《游击战争中师野战医院的组织和技术》。

1939年,白求恩决定回国一趟为中国抗日筹措资金和药品,顺便暂时休养。他左耳失聪,并且短时间内连续两次严重感染引发高烧,抵抗力已经非常差。就在他要成行之际,日军对晋察冀发动了猛烈攻击,他毅然推迟了回国的计划。1939年11月,白求恩在高强度的密集手术中划伤手指而造成又一次伤口感染,并引发了败血症,于12日凌晨逝世。

白求恩在中国工作的一年半时间里抢救伤病员数千人,实施手术逾千例,帮助八路军建立数十个流动医院并指导制造大量医疗器械;同时,他还编写了四部教科书,创立了一所培训医护人员的学校。他为中国抗日革命呕心沥血,毛泽东同志称他为"一个高尚的人,一个纯粹的人,一个有道德的人,一个脱离了低级趣味的人,一个有益于人民的人"。

【素材出处】

《河北日报》:《"八路军最老战士"白求恩:创治愈率世界纪录》,2014-10-29,

http://heb.hebei.com.cn/system/2014/10/29/014217629_03.shtml；王海龙：《白求恩晋察冀手稿还原真实的白求恩》，载《中外文摘》，2020，8：54-55。（根据以上资料整理）

【案例点评】

白求恩的事迹包含以下思政元素：

（1）制度优势。白求恩是资本主义国家的社会精英，他在苏联见到了社会主义国家的福利医疗体制，认为这是世界上最好的制度，并因此加入共产党，从侧面反映了社会主义制度的先进性。

（2）国际主义精神。白求恩舍弃一切投身于西班牙反法西斯斗争，又不远万里来到中国，为中国人民的抗日革命鞠躬尽瘁，践行了"为全人类自由解放而奋斗"的国际主义精神。

（3）敬业精神。为了能给伤员争取更多生存的机会，他不顾危险，将手术台设在最前沿阵地，对医护人员的要求也到了严苛的程度，体现了白求恩对伤病员高度的责任感和认真负责的工作态度。

（4）科学精神。白求恩根据战场急救的特点，总结出战地外科手术三原则，并创制了流动输血车和野战伤员急救系统，是探索创新精神的体现。

（5）奉献精神。为了挽救更多伤员的性命，白求恩常常不顾劳累，连续工作几十个小时；他深知感染的危害，但自己手指多次受伤发炎却一再选择将医疗物资留给伤员，最终也因此牺牲，体现了大爱无私的奉献精神。

【教学建议】

本素材可用于"免疫学"课程"血型""输血反应"，以及"万能供血者"内容的教学，也可用于"外科学"课程"无菌术"和"外科感染"内容的教学，由教师讲授。

（隆娟　李平飞　罗强）

11　中国生物化学及营养学的奠基者——吴宪

【案例呈现】

吴宪(1893年—1959年),世界知名的生物化学家及营养学家,是中国生物化学及营养学的奠基人。他在蛋白质化学、临床生物化学、免疫化学及营养学研究领域都有杰出的贡献,在临床生化、气体与电解质的平衡、蛋白质的变性、免疫化学、营养学以及氨基酸代谢等方面都颇有建树。

吴宪出生在福州的一个书香门第,念过私塾,还参加过科举考试。1906年,他进入全闽高等学堂预科班,经过4年学习,1910年通过了清政府组织的庚款留美考试,获得了赴美留学的奖学金。1911年,他被派往美国,进入麻省理工学院学习。因为曾立志重建中国海军,他最初选择了造船工程专业。后来他阅读了包括赫胥黎的《生命的物质基础》在内的一些文章,转而攻读化学和生物学,并于1916年获得学士学位。随后,他师从哈佛大学的奥托·福林(Otto Folin)教授,于1919年获得博士学位,他的博士论文《一种血液分析系统》已成为血液化学的经典文章。在论文中,他提出一种只需要10 mL血液就可以测定血液成分的方法,尤其需要指出的是,用他的方法,只需要一滴血液或尿液,就可以测定其中的糖含量。学术界认为,如果没有这种方法,胰岛素的发现就会受到阻碍,这些测定方法后来被命名为"福林-吴方法"。

1920年,吴宪回到中国,在北京协和医学院任教。从此,他在这里奉献了大部分的时光,直到1942年学院被日军占领而解散。在协和医学院工作期间,他被任命为生物化学系主任,是该校的第一位中国籍主任,也是协和最年轻的科主任。在这段时间里,他主持了一项大规模的研究工作——蛋白质变性研究,和同事们共发表了系列论文16篇及相关论文14篇。1931年,他发表了题为《蛋白质变性的研究.XIII.蛋白质变性理论》的研究成果,认为天然球蛋白由肽链经规律折叠而成,若解折叠,蛋白质就会变性。这篇文章被认为是国际蛋白质研究领域的一个里程碑,化学家豪若威兹(Felix Haurowitz)对此予以高度评价:吴宪是首位用标记抗原的方法分析蛋白质的人,而且是第一个提出蛋白质变性学说的人。

吴宪发现很多中国人营养不良、身体素质差,就下决心通过科学研究来改善这个状况。在协和医学院工作期间,他开始系统研究人的健康与食物的关系,建立了素食和杂食实验动物体系,经过比较确认了杂食对健康的益处。通过观察大鼠摄入蛋白质的情况,他进一步指出蛋白质的摄入对健康是至关重要的。他还编著了我国第一部《食物成分表》,领导了一次营养普查,为不同的人群设计了特定的营养目录。20世纪40年代,他担任了南京营养研究所的所长。

吴宪不仅在科学上追求真知,而且把发展祖国的科学事业视为自己的义务。在协和任职期间,他积极为中国同仁和师生争取福利,尽力改进教学;重视学术交流,邀请国际著名生化学家来讲学和合作研究;重视实验室建设和实验课的设置,推进医学院校生化实验的进步;重视青年人才的培养,为国家培养出大批人才;协助林可胜成立中国生理学会,做了大量辅助性工作。为了支持抗战,1944年,他冒着极大的风险,只身离开北平,经历千辛万苦抵达重庆,在条件十分艰苦的情况下,克服重重困难筹建和领导中央卫生实验院的营养研究所。

1948年,吴宪作为访问学者到美国进修,学习先进的实验研究技术,以便为回国后的研究做准备。由于战事,他未能回到国内。1953年,因突发心肌梗死,他辞职退休,定居波士顿,于1959年逝世。直至去世,他依然保持着中国国籍。

【素材出处】

郑术、蒋希萍:《吴宪——中国生物化学及营养学的奠基者》,载《生物物理学报》,2012,11:857-859。(根据以上文献整理)

【案例点评】

吴宪的事迹包含以下思政元素:

(1)民族自信心。吴宪关于血液分析系统的研究为现代临床血液化学分析提供了重要手段,具有历史性的创新意义,特别是血糖测定的方法被国际上沿用长达70年,他因此被誉为国际血液分析的权威;他关于蛋白质变性的研究成果是"关于蛋白质变性的第一个合理学说","为蛋白质大分子高级结构的研究写下了有价值的一页",说明中国人一样可以做出瞩目的成就,足以令国人自豪。

(2)家国情怀。吴宪一生对国家命运甚为关注,对人民的生活疾苦十分同情。少年时立志报国,学成后努力通过科学知识和实际行动来报效祖国、造福人民,为了国家和人民,他甚至不惜牺牲个人的幸福乃至生命。他在美国生活多年,却始终保持着中国国籍,这些都充分体现了他的爱国热情和责任担当。

(3)科学精神。正因为有强烈的科学精神,吴宪才能不断探索新问题、创造新知识,最终在血液分析和蛋白质变性研究等领域做出重要贡献,他的成就与探索创新的科学精神密不可分。

【教学建议】

本素材可用于"生物化学"课程氨基酸代谢——蛋白质的营养价值部分的教学,由教师讲授。

(隆娟 李丹丹)

12　中国生理学之父——林可胜

【案例呈现】

林可胜(1897年—1969年),祖籍厦门,1897年出生于新加坡的一个家世显赫的书香门第。他的父亲林文庆是新加坡著名的华人医生和社会活动家,曾担任孙中山的医生,后来任厦门大学校长。他的外祖父是清末革命家和华侨领袖黄乃裳,姨父是鼠疫斗士和公共卫生创始人伍连德。林可胜在海外长大,先后毕业于爱丁堡大学、芝加哥大学,获博士学位。他是中国近代最杰出的科学家之一,中国现代生理学的主要奠基人,美国国家科学院第一位华人院士,协和初期主要的医学教育家之一。他规划了全中国军医培养体系,对中国生命科学和医学研究的发展起着奠基作用。

20世纪20年代,中国近代科学技术和教育都还处于起步阶段,研究工作中又有相当一部分是类似测定中国人血红蛋白量或骨头长短之类的研究,非常原始。这样的背景下,林可胜是中国早期能开展高水平科学研究的为数不多的科学家之一,在生理学和神经科学领域都有很突出的成就。早在20至30年代,他因发现"肠抑胃素"而著称于国际医学界,这是由华人发现的第一个激素。1952年—1967年,在迈尔斯实验所,他对疼痛及止痛机制做了比较深入的研究。1964年他所做的狗的脾脏交叉灌流实验鉴定首次证明阿司匹林镇痛在外周,是镇痛和阿司匹林研究的里程碑。这些实验到2000年仍被英国科学家维恩爵士(John Vane)称为"镇痛研究的经典工作",而维恩本人就是因为研究阿司匹林镇痛机理获得了1982年的诺贝尔奖。林可胜的研究结果也支持了中国国内科学家的发现:吗啡在中枢神经系统发挥镇痛作用。

林可胜能在科研上取得超越前人的卓越成就绝不是偶然的,耀眼的成就背后是常人无法想象的艰辛努力,他为科学献身的精神和多年一贯的顽强钻研令人肃然起敬。为了研究阿司匹林的镇痛作用,他先把缓激肽注入自己的动脉血管,使身体产生剧烈的疼痛,然后用阿司匹林来镇痛。从实验记录片中,人们可以看到他痛苦扭动的情景。实际上,林可胜在自己身上做实验绝非仅此一项,著名的组胺刺激胃分泌的实验,也是在他自己身上做的。

1924年秋,林可胜回到了祖国,担任北平协和医学院生理科客座教授兼系主任,1927年晋升教授,为协和医学院第一个华人教授,当时他年仅30岁。林可胜在协和任教一直到抗日战争爆发,这十几年间,他刻苦钻研、锐意创新,在科研、教学、培养人才等方面都有突出成绩,使我国的生理学研究达到世界水平,协和成为中国生理学研究的中心。他在协和工作的12年中,不但培养了大批医学生,还培养了许多青年生理学工作者,包括青年教师和进修生。例如,他曾经的学生和同事冯德培,后来成为中国生理学重要的奠基人。抗战后,林可胜创办的国防医学中心,成为后来的上海第二军医大学和台湾的国防医学院。

1926年春,林可胜与吴宪等人创建了中国生理学会,他本人任第一届会长。第二年,林可胜又创办《中国生理学杂志》并任主编。中国生理学会的成立和《中国生理学杂志》的创办,对促进学术交流、推动我国生理学的发展和培养这方面的科学人才,都发挥了很大的作用。林可胜主编《中国生理学杂志》时,对每篇论文都认真审查,严格要求,亲手修改,直到完全满意时才公开发表。这对树立严谨的写作态度、培养严格的科学作风起了示范作用。这个刊物很快获得国际生理学界的称道,成为我国具有国际水平的少数科学刊物之一。

抗日战争期间,林可胜舍弃优越的工作和生活条件,毅然决然地与祖国同胞一起共赴国难,组织战地救护队,创建救护总站,为中华民族的解放做出了极其可贵的贡献。日军进攻上海时,他领导了红十字医疗队参与救援;1937年,他在汉口组织了20多支医疗队,成为中国红十字会的主力;在贵阳,他主持了中国战时最大的医学中心,组织的训练班培训了一万五千多名医疗技术人员。他创建和领导的中国军队救护系统,是中国有史以来最系统、最具规模的战地救护系统,有效动员了当时可用的医疗资源,为医疗救护事业做出了巨大贡献。为了募集更多物资,让世界认识到中国抗日的艰巨性、重要性,林可胜每年都要飞往美国,以自己的国际声望为救护总队争取国际人士和爱国华侨的支持。1941年后,他出任当时政府军队医疗系统的主要领导职位,包括军医署长。1942年—1944年,他奉命随中国远征军赴缅甸,并亲自上前线救护。由于战况紧张,他每天要工作16个小时以上,因此多次获得国民政府嘉奖和两次美国授勋。

抗战胜利后,林可胜将各军医学校和战时卫生人员训练所调整改组为国防医学院,创建军医中心教育制度,培训中国自己的军医人才。1948年,蒋介石拟委任他为国民政府卫生部部长,但他坚辞不就,于1949年5月去美国,在多所大学进行生理、药理研究工作及医学科学研究指导,直到1967年退休。在那个时期最早为世界科学界所推崇的一批华裔科学家(如吴健雄、林家翘、陈省身等)中,林可胜在中国工作的时间最长。

从他到美国至去世,他一直在关心中国的科学,特别是生命科学的发展。中国科学家在50年代末、60年代初发现了吗啡镇痛的脑内作用部位,领先于世界。林可胜在自己的英文文章里引用中国科学家的文章,把我国的工作介绍给国际科学界,对世界认可这项中国的成就起了重要作用。

1969年7月8日,林可胜因食道癌在牙买加逝世,终年72岁。

【素材出处】

饶毅:《几被遗忘的中国科学奠基人之一、中国生理科学之父:林可胜》,载《中国神经科学杂志》,2001,2:171-172;齐悦:《"中国生理科学之父"林可胜》,载《名人传记》,2020,6:43-48。(根据以上文献整理)

【案例点评】

林可胜的事迹包含以下思政元素:

(1)民族自信心。当时中国人被西方称为"东亚病夫",而林可胜开展了高水平的科学研究,发现"肠抑胃素",设计狗的脾脏交叉灌流实验证明阿司匹林的镇痛机制等,因诸多令人骄傲的成就著称于国际医学界,说明中国人一点不比其他民族的人逊色。

(2)家国情怀。林可胜十分年轻就开始在英美生理学界崭露头角,却毅然回到积贫积弱的祖国,并且在中国生理学的研究、医学人才培养以及抗日战争中做出卓越贡献,晚年在美国也致力于向世界介绍中国科学家的成就,体现了他对祖国的忠诚与热爱,以及对国家命运的责任担当。

(3)奉献精神。为了研究阿司匹林的镇痛作用,他在自己身上做实验,组胺刺激胃液分泌实验也是在他自己身上做的,这种献身科学的精神令人钦佩。

(4)敬业精神。林可胜在协和任教的十几年间,在科研、教学和人才培养方面都有突出成就;任《中国生理学杂志》主编时,对每篇论文都认真审查,严格要求;出征缅甸时,亲自参加救护,每天要工作16个小时以上。这些都体现了他勤奋工作、认真负责的敬业精神。

【教学建议】

本素材可用于"生理学"课程绪论部分的引入,还可用于消化与吸收部分"胃内消化功能"内容的教学,由教师简单介绍,作为课后作业推送给学生自学。

(隆娟 张志锋)

13 "科学公仆"汤飞凡

【案例呈现】

汤飞凡(1897年—1958年),著名微生物学家、病毒学家,沙眼衣原体的发现人之一,曾任卫生部北京生物制品研究所研究员、所长。他让世界对中国刮目相看,被誉为"东方的巴斯德"、世界"衣原体之父"。英国著名学者李约瑟(Joseph Needham)曾称赞他为"国家杰出的科学公仆""一个必须写在世界医学史上的中国人"。

汤飞凡出生于湖南醴陵市一个乡绅家庭,幼年时期常听父老乡亲谈论维新、改革,"学西方、学科学,振兴中华",这些思想不知不觉地渗透他幼小的心灵。他从小在家乡看到百姓贫病交加,中国被人讥笑为"东亚病夫",就立志学医,振兴中国的医学。1914年,他进入湘雅医学院学习,7年后成该校首届毕业生,获得美国康涅克州政府授予的医学博士学位。毕业时,他对同学说,想发明一种预防方法,使亿万人不得传染病。

1928年,他在哈佛学习期间,接到了湘雅医学院老校长颜福庆的信,信中邀他回国到中央大学医学院任教,并详述了要面临的种种困难。即使知道回国后学术条件和生活条件都与国外相差甚远,但是有着满腔抱负的汤飞凡,毅然放弃留在哈佛大学的机会和优厚条件回到祖国的怀抱,到正在创办的中央大学医学院(今复旦大学医学院),为我国的医学事业贡献了一份力量。1929年春天,他来到上海负责筹建中央大学医学院的细菌学系。筹建工作几乎是从零开始的,他东拼西凑,勉强建了实验室,并利用简单的设备开始了研究工作,开启了中国病毒学研究的先河。

全面抗战爆发后,汤飞凡迅速奔赴抗日救亡的战场,参加了"上海救护委员会"的医疗队,几度出生入死。淞沪会战爆发后,他受颜福庆的邀请,临危受命,在昆明白手起家重建中央防疫处。在条件极为困难的情况下,他带领团队研制出我国第一批青霉素,使中国成为世界上能够成功研制青霉素的七个国家之一,挽救了无数国人的生命。此外,他们还研究出牛痘苗、狂犬疫苗、世界首支斑疹伤寒疫苗等,有力地支持了抗日战争,汤飞凡成了快速研制疫苗的代名词。1945年,他又克服重重困难,建立了中国第一个抗生素生产车间。1949年,他先后拒绝了美国的重金聘请和蒋介石的赴台邀请,坚持留在这片生他养他的土地上。新中国成立后,他负责筹建国家卫生部生物检定所,主持制定了我国第一部《生物制品制造及检定规程》。他推行乙醚杀菌处理法,使我国在1960年就消灭了天花,比发达国家早16年。

1954年起,汤飞凡致力于沙眼病原体的研究工作。沙眼作为一种古老的世界性难题已经存在了几千年。20世纪初,全球1/6的人患沙眼,中国沙眼病发率高达55%,偏远农村更是"十人九沙"。由于没有好的治疗方法且医疗条件差,沙眼很容易致盲。对于病因,此前比较流行的是"细菌病原说"。30年代初,汤飞凡为了验证这个说法是否正确,把日本学者野口英世分离的"颗粒杆菌"接种到自己及12名志愿者的眼睛里,证明该病原无致病性,推翻了"细菌病原说"。

1954年—1955年,在经历多次失败后,他终于创造性地利用鸡胚分离出一株"病毒",命名为"TE8",后被许多国家称为"汤氏病毒"。作风一贯严谨的汤飞凡并未急着发表论文,而是遵照"科赫法则",经过一系列严谨的实验证明"TF8"的滤过性。更加令人钦佩的是,他将这种病毒接种到自己的一只眼睛中,造成了典型的沙眼症状。为了观察全部病程,他强忍着病痛坚持工作,40多天后才接受治疗,无可置疑地验证了"TF8"对人类的致病性。此次实验收集到了可靠的临床资料,发现"沙眼病原体",解决了半个多世纪以来关于沙眼病原的争论。这项成果让医生得以对症下药,有效地控制了沙眼的传播。以上海为例,短短两年间,沙眼的发病率从84%降到5.4%。1970年,国际上将沙眼病毒和其他几种介于病毒和细菌之间、对抗生素敏感的微生物命名为"衣原体",汤飞凡被誉为"衣原体之父"。

从1930年开始,汤飞凡潜心研究,攻克了一个又一个难题,取得了开拓性的成就。截至1942年,他撰写了约50篇学术论文,许多论文至今都被作为经典文献;他发明了中国人自己的青霉素、狂犬疫苗、白喉疫苗、卡介苗、丙种球蛋白、牛痘疫苗及世界首支斑疹伤寒疫苗;他研制了新中国最早的无毒鼠疫活疫苗、黄热疫苗、质量可靠的牛痘苗。有生之年,他实现了自己的理想:让亿万人不得传染病。

【素材出处】

孙硕:《汤飞凡:细菌学的拓荒者》,载《科学中国人》,2019,5:77-79。(根据以上文献整理)

【案例点评】

汤飞凡的事迹包含以下思政元素:

(1)家国情怀。他幼年时看到家乡父老贫病交加,立志学医报国;学成后放弃留在哈佛的机会和优厚条件,回到战乱中的祖国,并为国家的医学发展做出卓越贡献,战争结束后拒绝去美国和台湾,体现了他对祖国的忠诚与热爱、与国家民族命运休戚与共的信念以及为祖国发展而奋斗的责任担当。

(2)科学精神。他对国际上流行的"细菌病原说"不盲从,通过实验验证这个说法是否正确,又经过多次失败,最终创造性地用鸡胚分离出"TE8",并遵照"科赫法则",经过一系列严谨的实验证明"TE8"的滤过性,充分体现了他客观理性、严谨求实、探索创新的科学精神。

(3)艰苦奋斗精神。抗战期间他临危受命,在条件极为困难的情况下带领团队研制出青霉素、牛痘苗、狂犬疫苗、世界首支斑疹伤寒疫苗等制剂,之后又克服困难建立抗生素生产车间,体现了艰苦奋斗精神。

(4)奉献精神。汤飞凡为了科学研究,先后把细菌和病毒接种到自己的眼中,体现了令人敬佩的为科学献身的精神。

(5)民族自信心。他在微生物和病毒领域做出的突出贡献让世界对中国刮目相看,他被誉为"东方的巴斯德""衣原体之父""国家杰出的科学公仆",令中国人自豪。

【教学建议】

本素材可用于"医学微生物"课程衣原体部分的教学,可由教师讲授,亦可由学生自学。

(李平飞 位秀丽)

14 "万婴之母"林巧稚

【案例呈现】

林巧稚(1901年—1983年),我国妇产科奠基人。她是北京协和医院第一位中国籍妇产科主任,新中国第一位女院士。她一生未婚,却接生了包括袁隆平院士在内的5万多婴儿,被尊称为"万婴之母""生命天使""中国医学圣母"。

林巧稚出生于厦门鼓浪屿一个教员家庭,自幼跟父亲学了一口流利的英语。5岁时,她母亲患宫颈癌病故,她是在父亲哺育、兄长疼爱下成长的。1921年,林巧稚报考了北京协和医科大学。考试的那天,与她结伴的女同学中途中暑,她毫不犹豫地停下考试,迅速查看女同学的身体状况,并且对她展开了急救。当她返回考场时,考试时间已过,她无法继续作答。但她抢救同伴刚好被考官看到,她的医者仁心和沉着冷静打动了考官,再加上她流利的英语和优异的其他各科成绩,学校决定破格录取她。

1929年,林巧稚从北京协和医科大学毕业并获得博士学位。由于表现出色,她被留在协和医院,工作成绩突出,提前三个月晋升为住院医师,3年后获得了派往英国学习的机会;1939年又受派去美国进修,1940年美国聘请她为"自然科学荣誉委员会委员"。回国后,她把一生都献给了祖国的妇产医疗事业。

抗日战争期间,协和医院被迫关闭,很多人因为失业都离开了,林巧稚却拒绝离开,在东堂子胡同开了个诊所。她因此接触了很多北京市底层妇女,不仅为她们科普日常护理知识,还尽可能地治疗每一个来求助的人,能吃药敷药就好的病,绝不多花钱让她们去打针,实在付不起医药费的,她就免费进行治疗。在她的出诊包里,除了产钳、药品以外,她总会放些钱,用来接济那些经济困难的产妇和患者。林氏诊所开业不足六个年头,就存有病案八千多份。1946年,形势终于有所好转,协和重新开张,经院方再三邀请,她才关停了诊所回到协和。

50年代,一名女工因新生儿溶血症连续夭折了三胎,她抱着最后的希望写信向林巧稚求助。新生儿溶血症当时在国内还没有成活的先例,为了圆这名女工的母亲梦,林巧稚查遍国外最新的医学信息,还请教了众多医学泰斗,经过日复一日的攻坚,她大胆地提出"换血疗法"。这个想法很新颖但太过冒险,一旦失败,她可能连工作都没了。尽管困难重重,她还是坚持用这个办法挽救孩子。征得孕妇的同意后,到临产时,林巧稚为她接生。因为溶血症导致了黄疸出现,孩子一出生皮肤就慢慢变黄,体内红细胞被大量破坏。危难之际,林巧稚指导医护人员用非常精准的操作给孩子换血:切开脐静脉,每分钟抽出15毫升病血,再滴入8毫升新鲜血液。为了减少疾病的反复,他们一共为孩子换了三次血,婴儿的黄疸症状终于消失了,脸色也慢慢红润起来,生命体征越来越明显。这种"换血疗法"开创了中国第一例换血成功的案例,后来挽救了无数患溶血症的新生儿。

1956年,中国第一个妇产专科医院——北京妇产医院建成,林巧稚担任第一任院长。1958年,她又在北京组织医护力量对80万妇女进行了以宫颈癌为重点的妇科普查。在她的带动下,上海、广州等大城市也相继进行了类似的普查,孕妇开始受到医疗监护,并开始享有产假。此外,她还指导完善了妇产科的几个亚专业和亚学科,如产科、妇科,以及妇科肿瘤、生殖内分泌、计划生育等。

林巧稚不仅自己医术超群,还为祖国的妇产科事业培养了很多优秀人才。她注重细节,强调所有的检查和治疗都是方法和过程,其目的是对患者的关爱和呵护。她常说:"医生给病人开的第一张处方,应是关爱。"她教育妇产科所有的人,救活一个产妇、孕妇,就是救活两个人。人们为了感谢她的救命之情,就把她接生的孩子起名"念林""爱林""敬林""仰林"等,以示对她的纪念。

1978年,她在访问英国的途中患病返回中国。经检查,人们才知道她已饱受高血压动脉硬化、心脏病、脑血栓等病痛折磨多年。患病期间,她一直笔耕不辍,于4年后完成50万字的《妇科肿瘤学》。1983年4月22日,为患者和工作奉献了一生的林巧稚病逝于北京,享年82岁。而在逝世的前一天,她还接生了6个孩子。

终生未婚的林巧稚生前说自己"唯一的伴侣就是床头那部电话机",而"平生最爱听的声音,就是婴儿出生后的第一声啼哭"。她的墓碑上写着一句话:只要我一息尚存,我存在的场所便是病房,存在的价值便是医治病人。

【素材出处】

李和新:《中国好医生——林巧稚》,载《中国实用医药》,2019,24:199-202;新浪财经:《她一生未婚,却有了5万多个孩子,包括袁隆平》,2020-07-27,https://baijiahao.baidu.com/s?id=1673328846774927481&wfr=spider&for=pc;何书彬:《"万婴之母"林巧稚》,载《同舟共进》,2020,10:33-36。(根据以上资料整理)

【案例点评】

林巧稚的事迹包含以下思政元素:

(1)敬业精神。她对产妇和婴儿有着强烈的责任感,只要患者有需要,她会随时出现在病房。她将一生都献给了我国的妇产医疗事业,甚至逝世的前一天还在接生,体现出高度的敬业精神。

(2)人文素养。"医生给病人开出的第一张处方,应是关爱",她强调所有的检查和治疗都是方法和过程,目的是对患者的关爱和呵护,在医疗过程中要始终践行对患者的关怀和尊重。

(3)创新思维。在新生儿溶血症没有成活先例的情况下,她创造性地用脐静脉换血的方法治疗新生儿溶血症,填补了中国妇产科医学的这项空白。

(4)奉献精神。为了抢救同伴,林巧稚毫不犹豫地停止了考试;为了圆女工的母亲梦,她冒着巨大的风险采用"换血疗法"给患儿治疗。这种奉献精神令人钦佩。

(5)博爱精神。抗日战争期间,林巧稚留在北平开设妇科诊所,上层和下层社会的妇女都找她看病,特别是对底层妇女,她不仅给她们治病,还尽量替她们省钱,甚至还要接济困难的产妇和患者,这是"医者仁心"最好的写照。

【教学建议】

本素材可用于"医学免疫学"课程超敏反应部分"Ⅱ型超敏反应——新生儿溶血症"内容的教学,也可用于"妇产科学"课程绪论部分的教学。教师上课简单介绍,素材可提供给学生课后学习。

(隆娟 李平飞 曹梅)

15　我国微生态学奠基人——魏曦

【案例呈现】

魏曦(1903年—1989年),新中国第一批中科院学部委员(1993年改称院士),一生致力于中国预防医学和生物制品事业的研究,是我国微生态学奠基人。

魏曦出生于湖南巴陵县(后改称岳阳县),中学时代就积极参加进步学生团体并投入反帝爱国运动。目睹家乡瘟疫连年、人民贫病交加,国人还被称为"东亚病夫",他决定学医报国。1924年,他进入湘雅医学专门学校,因支持共产党北伐而被迫中断学业,随后投笔从戎。1928年,他考入中央大学医学院(今复旦大学医学院),后因生活窘迫得了肺结核,不得不辍学一段时间,但他从未放弃对科学的追求。

20世纪20年代,微生物学在医学上的重要作用已经引起国内外研究者的关注和重视,魏曦对此产生了浓厚的兴趣。经过潜心研究和反复试验,1933年他以论文《肺疽的细菌学》获得医学博士学位并进入上海雷氏德医学研究院。1933年—1937年,他从助理研究员升为研究员,首次创新用鸡胚培养回归热螺旋体并研究其生活史;与汤飞凡第一次合作在中国研究了牛胸膜肺炎支原体,改进了吉姆萨染色法,是我国最早研究支原体的学者之一。

"九·一八"事变之后,魏曦的科学研究也被迫中断,为了能够在科研上继续突破,他于1937年春赴哈佛大学进修细菌学和免疫学,并进入了新的领域——立克次体学。通过改进固体培养基的成分和改变直接培养立克次体组织,他成功地繁殖了斑疹伤寒立克次体。这项发明可以用来大量生产疫苗,在当时属于世界领先技术,魏曦因此获奖。这个成果还启发同一时期的恩德斯(Enders John Franklin)博士,后者用单层细胞培养法成功培养出脊髓灰质病毒,并获得1954年诺贝尔生理学或医学奖。

1939年,魏曦学成归国。日军发动第一次湘北会战,他迅速走上战场,参加了战地医疗救护。中国军队药物匮乏,特别是缺少抗击毒气的生物制剂,导致伤亡惨重,这令他悲愤交加。此时,他接到汤飞凡的来信,赶赴昆明,在简陋的实验室开始生物制品的研究工作。抗战期间,抗生素备受青睐,而青霉素的生产工艺属于军事机密,产量也无法满足需求,魏曦提出了自制青霉素的想法。从1941年到1944年,他们经过上百次试验和自制设备、土法上马,终于生产出每瓶2万单位的国产青霉素。此外,伤寒疫苗、天花疫苗、白喉疫苗等生物制品的质量也达到欧美同类产品的水平,不但供应了前线和大后方,还支援了陕甘宁边区,也为日后支援缅甸、太平洋战区盟军奠定基础。

1945年,缅甸边境的英美盟军中流行一种"不明热"病,严重威胁军队的战斗力。魏曦受邀到达现场后,经过实地调查和反复实验,证明这种病是恙虫病,而不是预先估计的斑疹伤寒。当采用了针对恙螨的防治措施之后,"不明热"得到了控制,他因此获得哈佛大学考察团的"战时功绩荣誉勋章"。1947年,魏曦在上海和助手用蚕蛹培养立克次体获得成功。1948年,他与党组织取得了联系,并在组织的安排下来到大连。在大连期间,他首创研制出干燥牛痘剂,解决了液体牛痘疫苗运输中失效的问题,因此获得东北人民政府卫生部科研成果一等奖。1951年,魏曦奔赴朝鲜战场,参加中国政府组织的反对美军发动细菌战的调查团,他从美军投掷的细菌武器中分离出鼠疫和霍乱菌,以科学证据揭露美军的罪行,因此获得朝鲜民主主义人民共和国二等国旗勋章。

新中国成立后,他受卫生部(现更名为卫计委)委派,指导和参与了大连、昆明等多地大型生物制品所的创建工作,为我国独立生产品种多、质量高的生物制品做出了突出贡献,在立克次体学的研究上也有多项突破。20世纪50年代,他针对斑疹伤寒疫苗生产的关键问题进行研究,与助手经过人兔交替喂养,驯化虱种,培养出兔化人虱虱种,结束了生产该疫苗需要人喂虱的痛苦。他指导研究人员对我国部分地区和人群进行立克次体血清学调查,发现人、畜中存在Q热、北亚病。70年代,年逾古稀的他还主编了我国第一部立克次体学专著——《医用立克次体学》。

魏曦对中国人兽共患的自然疫源性疾病研究也卓有建树,组织、参与或指导考察,确定了钩端螺旋体疫源地,发现了立克次体、螺旋体等引起的数十种人畜共患病。他也是我国钩端螺旋体病毒研究带头人之一,1958年他成功研制出我国第一代钩端螺旋体菌苗,后来又解决了副反应问题。他还是我国微生态学和微生态制剂研究的创始人和奠基人,早在50年代,他就敏锐地指出要关注抗生素的副作用,并较早地提出采取菌群调整的治疗方法,在他的指导下,科研人员1980年开发了活菌制剂。他对中国的科普事业也做出了很大贡献,倡导成立了中华预防学会微生态学学会,参编《微生态学》《正常菌群与健康》。1982年,魏曦加入共产党;1989年病逝于北京,享年86岁。

【素材出处】

青宁生:《我国微生态学的奠基人——魏曦》,载《微生物学报》,2008,3:279-280;秦小燕:《魏曦:奠基我国微生态学》,载《湘潮》,2015,7:35-38。(根据以上文献整理)

【案例点评】

魏曦的事迹中包含以下思政元素：

（1）家国情怀。魏曦少年时期看到国家积贫积弱，中国人被称为"东亚病夫"，就立志学医报国，并为此奋斗一生，体现了对国家、人民的忠诚与热爱，以及对国家命运的责任担当。

（2）科学精神。菲茨帕特里克用固体组织斜面培养法繁殖斑疹伤寒立克次体屡次失败，魏曦通过改进固体培养基的成分和改变直接培养立克次体的组织等方法，获得了成功，首创研制干燥牛痘剂，解决了液体牛痘苗运输中失效的问题，体现了探索创新的科学精神。

（3）自立自强。抗战期间需要大量抗生素，青霉素的生产工艺属于军事机密，魏曦等人通过实验和自制设备，成功生产出国产青霉素和伤寒疫苗、天花疫苗、白喉疫苗等生物制品，有力地支持了抗日战争。

（4）人文素养。他针对斑疹伤寒疫苗生产的关键问题进行研究，与助手培养出兔化人虱虱种，结束了生产该疫苗需要人喂虱的痛苦，体现了他的人文情怀。

【教学建议】

本素材中魏曦关于立克次体的研究情况可用于"医学微生物"课程立克次体部分"病原体宿主"内容的教学，由教师讲授，其他部分由学生自学。

（隆娟　位秀丽）

16　我国现代生理学重要奠基人——冯德培

【案例呈现】

冯德培(1907年—1995年),浙江临海人,神经生理学家,中国科学院生物学部主任委员(院士)、原中央研究院院士、美国国家科学院外籍院士、第三世界科学院院士、英国伦敦大学学院院士、印度国家科学院外籍院士,神经肌肉接头研究领域国际公认的先驱者之一,中国生理学、神经生物学的主要推动者之一,中国科学院上海生理研究所的奠基人之一。

冯德培15岁就读复旦大学生物系,19岁毕业后,留校任生理学前辈蔡翘教授的助教;20岁到北平协和医学院,跟随另一位中国生理学先驱林可胜教授,开始接触研究工作。22岁时,冯德培考取清华留美预备生,在芝加哥研习两年并获硕士学位后,于1930年到伦敦大学,师从诺贝尔奖得主希尔(Archibald Vivian Hill)。1932年,冯德培发现蛙的肌肉由于拉长而使静息代谢明显增加,这种现象后来被世界生物医学界称为"冯氏效应",关于这个研究成果的论文《神经放热》也被认为是神经能力学方面的权威性参考文献。1933年,他获得博士学位,时年26岁。他在英国期间除了师从希尔外,还跟随另外两位诺贝尔奖得主——剑桥大学的阿德里安(Edgar Adrian)和牛津大学的埃科斯(John Carew Eccles)进行短期研究工作。5年的留学经历使冯德培很快进入科学前沿,有了新的发现,并与一流学者建立了良好的关系,这也为他回国建立自己的实验室做好了理论、实践和设备等方面的准备。

冯德培的独立工作生涯自1934年开始到1995年逝世时结束,长达61年。他工作领域主要在三个方面:神经肌接头的信号传递、神经肌肉间的营养性作用、脑内海马的长期性增强。1934年夏天,冯德培回到北平协和医学院生理系,开始自己探索新的领域和课题。在30年代,有关神经肌接头的研究还处于萌芽状态,冯德培很短时间内就发现了神经肌接头电生理的新特性,成功开辟了神经肌接头研究的新领域。1936年—1941年,他领导的实验室共发表了26篇论文,为当时正在形成中的"化学传递学说"提供了证据,有些实验直接补充或推广了英国药理学家戴尔的理论。同一时期,冯德培也发现了钙离子对神经肌接头信号传递的重要作用,提出"钙影响神经递质释放"的见解,接近英国生理学家克茨(Bernard Katz)的结论。克茨后来因为一系列对神经肌接头递质释放的研究而获得1970年的诺贝尔奖。

冯德培实验室的另一个重要发现是观察到强直后增强效应(PTP),这是突触可塑性的第一次发现,也是神经系统可塑性的重要发现。这个发现颇具预见性和超前性,因为直到20世纪80年代,突触可塑性才成为学术界研究的热点。冯德培的这个发现后来为哥伦比亚大学的肯德尔(Eric Kandel)大型系列书籍《生理学手册》所载。1961年—1965年,冯德培和同事们开始研究神经肌肉间营养性相互作用,这个内容属于神经发育领域,是一项极富国际前沿性的神经科学研究;90年代,他进入神经可塑性领域,研究海马的长期性增强作用(LTP),这被认为是学习记忆的一个主要模型,国际上有许多实验室都投入这项研究,冯德培和助手们在这方面也有重要发现。

冯德培从事的每一项研究都留下了他开创性的足迹。英国伦敦大学学院院长在授予他该院院士荣誉称号的仪式上致词说:"他是希尔最卓越、最富有创造性的学生之一;他回到中国后继续开创了富有成绩的研究生涯。"克茨也曾说,如果冯德培的工作不被日本侵华所中断,也许他们会共同获奖。更难能可贵的是,冯德培积极投身科研建设和教育工作,在科学院上海分院推动建立了神经科学的研究梯队,使其成为中国生命科学的研究中心,同时,通过直接和间接的教学,培养了几代神经生物学家。

1995年4月,冯德培因病在上海逝世,享年88岁。这位神经肌肉接头研究领域国际公认的先驱者之一,中国生理学、神经生物学的奠基人之一,走完了他的科学人生。

【素材出处】

百度百科:https://baike.baidu.com/item/冯德培/3395151?fr=aladdin;杨雄里:《永恒的回忆——怀念冯德培先生》,载《教育家》,2020,32:8-10。(根据以上资料整理)

【案例点评】

冯德培的事迹包含以下思政元素:
(1)家国情怀。冯德培先生一生献身科学,心系国家和民族。当他以出色的成绩取得博士学位、声名鹊起时,他放弃了在西方发达国家大展宏图的机会,回到了军阀混战、民不聊生的祖国,筚路蓝缕,在艰难的境遇中开辟了一片新的天地。
(2)艰苦奋斗精神。在物资匮乏、装备简陋、战乱不断的年代,他在生物能力学、神经信号的化学传递的研究方面留下了不可磨灭的足迹。
(3)奉献精神。因为日本侵华等原因,他的研究多次中断,但他始终不改为科学献身的心愿,为中国的生理学研究和人才培养呕心沥血,直到生命的最后时刻。

(4)科学精神。冯德培大胆探索未知领域,在神经肌接头、神经肌肉间营养性作用等研究领域都进行了开创性研究,跟他的探索创新和严谨认真的科学精神分不开的,这种科学精神也对中国的生理学界产生了积极的影响。

(5)国际视野。冯德培不再做前辈已经开拓的研究领域,而是瞄准国际前沿,探索新课题,他的研究成果均富有开创性,大大提升了中国科学研究在国际社会的地位和影响。

【教学建议】

本素材可用于"生理学"课程细胞的基本功能部分"骨骼肌神经-肌肉接头处的兴奋传递"内容以及神经系统的功能部分"突触传递"和"突触可塑性"内容的教学,由教师讲授。

(隆娟　张志锋)

17　中国外科之父——裘法祖

【案例呈现】

裘法祖(1914年—2008年),浙江杭州人,著名医学家、中国现代普通外科的主要开拓者、肝胆外科和器官移植外科的主要创始人和奠基人之一、晚期血吸虫病外科治疗的开创者、中国科学院资深院士,被誉为"中国外科之父"。

1914年,裘法祖出生于杭州西子湖畔,1932年考入上海同济大学医学预科。1933年,他的母亲患阑尾炎,并在痛苦中离世,而这种病在西方只需要做个简单的手术就能解决。从那时起,他立志要学好医术,解除千万母亲的病痛。1936年,在姐姐的资助下,他赴德国留学。由于经济窘迫,他在德国生活得非常艰辛。后来,战争导致他的经济来源中断,在导师博斯特教授的帮助下,他才得以完成学业。1939年,他以总分第一的成绩完成了14门专业课的考试,并顺利通过答辩,获得博士学位。

毕业后,他进入慕尼黑大学医学院的教学医院——施瓦宾医院工作,师从外科学家布龙纳教授。在那里,他积累了丰富的临床经验,而且布龙纳医德高尚,对他也起到了潜移默化的熏陶作用。1946年,他被提升为外科主任,这在当时的德国史无前例。1946年底,他带着家人回到祖国,并于次年进入同济大学附属医院(今同济医院)外科工作。新中国成立之初,我国外科医学还处在只能做阑尾炎等小手术的初级水平,能熟练做大手术的裘法祖很快远近闻名。50年代初,同济大学医学院迁往武汉独立建校,他再次舍弃优越的生活条件,从上海来到武汉。

那时外科还没有分科,裘法祖认为传统的"大外科"已经不能适应外科医学发展的需要,于是他率先将外科分为普通外科、骨外科、泌尿外科、神经外科、脑外科等,并多次在学会上介绍自己的操作方法,奠定了今天医学手术专科概念的基础。他的手术轻柔细腻,步骤有序,敏捷利落,慎重稳妥;在遇到突发状况时,他又能沉着冷静,及时发现问题。在操作方法和手术风格上,他形成了一套手术常规,有严明的操作规范。他改进了20多种普通外科手术方法,特点是稳、准、轻、细、快,以精准见长,被称为"裘氏刀法。"几十年来,裘法祖的手术未错一刀,开启了中国外科手术的新时代,被人们尊称为"中国外科之父"。面对这样的荣誉,他却非常谦逊地说自己远远配不上这样的称号,黄家驷等前辈才是"中国外科之父"。

20世纪60年代,器官移植作为新技术开始崭露头角,这是一项意义重大、影响深远的医术。裘法祖很快就带领学生开始器官移植试验,试验从狗的异体移植开始,在经历多次失败后,终于获得成功,在国内形成轰动效应。上海的同行慕名前来学习,他毫无保留地把经过和经验都告诉对方,他说:"如果他们借鉴了我们的经验能够获得成功,这也是我们的成功,中国的成功。"在上海的同行获得成功后,裘法祖连续做了13例器官移植手术,全部成功。后来,他长期引领我国器官移植事业。

裘法祖一生获奖无数,而在所有的荣誉中,他最看重的是"全国医德风范终身奖"。他常说:"只有好的医德、医风,才能发挥医术的作用。"他对手术极其负责,术前亲自清点器械、纱布,术后再一一核对,决不因为工作疏忽给患者造成痛苦。他对一些医生习惯依赖 CT、B 超等检查结果的做法颇有微词,认为很多病无须使用费用昂贵的仪器,普通检查都可以查出来。所以,他看病时一定要亲自摸一摸、听一听,如果是冬天,他还会把听诊器焐热了再给患者做检查。

裘法祖不仅精于医术,还善于发掘和培养新人。作为人民教育家,他以自己的科学态度、技术特色、品德操行和人格风范影响了外科学界几代人。他的学生中有不少是我国外科学界的骨干和带头人,包括"中国肝胆外科之父"吴孟超、首创断肢再植术之一的钱台庆、器官移植专家陈实、外科专家吴在德等。在众多学生中,他与吴孟超五十多年的师生情更是被传为佳话。受卫生部(现更名为卫计委)委托,他负责主编全国高等医学院校外科学教材。他组织人选,草拟初稿并讨论修改,有时为了一句话、一个字反复推敲。二十多年间,他组织编写了五年制、八年制和研究生教材共一百余本,以及《黄家驷外科学》《普通外科学》等多部外科学经典著作。

裘法祖注重教书,更注重育人。他经常告诫学生:医术不论高低,医德最是要紧。他对从医者的素质要求极高,认为"德不近佛者不可以为医,才不近仙者不可以为医"。他还不厌其烦地教育学生"做人要知足,做事要知不足,做学问要不知足"。如今,这句话已经成了很多人的座右铭。在做人方面,他也有句箴言——"一身正气,两袖清风,三餐温饱,四大皆空",这 16 个字是他一生的真实写照。

【素材出处】

梅兴无:《医者仁心裘法祖》,载《同舟共进》,2021,2:41-45。(根据以上文献整理)

【案例点评】

裘法祖的事迹包含以下思政元素:

(1)家国情怀。裘法祖在德国工作、生活已经稳定,但抗战胜利之后他毅然回到祖国,把一生献给我国的外科医疗和教育事业,并做出了卓越贡献,体现了他对国家的热爱和为祖国的医疗事业发展而奋斗的责任担当。

(2) 人文素养。他重视并强调医德在医疗中的作用,认为"德不近佛者不可以为医",设身处地为患者着想,表现出对患者高度的人文关怀。

(3) 敬业精神。他对患者有着高度的责任感,认真负责,绝不因工作疏忽给患者带来痛苦;为了更好地治疗患者,他精益求精,创造"裘氏刀法",几十年未错一刀;负责主编外科学教材时,为了一句话、一个字反复推敲。这些都体现了他的敬业精神。

(4) 科学精神。他率先对外科进行分科,积极探索器官移植技术,并创新和改进了"胃底横断术""贲门周围血管离断术"等 20 多种手术方式,体现了他锐意进取、勇于探索创新的科学精神。

(5) 淡泊名利。裘法祖团队经过长期摸索,获得异体移植技术的成功,却毫无保留地告诉了同行;被人称为"中国外科之父"却非常谦逊。"一身正气,两袖清风,三餐温饱,四大皆空"的箴言更是他淡泊名利的真实写照。

【教学建议】

本素材可用于"外科学"课程总论部分的教学,也可用于器官移植部分的教学,由教师讲授。

(隆娟 罗强)

18 人民医学家吴孟超

【案例呈现】

吴孟超(1922年—2021年)，男，1922年生于福建闽清县。1927年随母亲赴马来西亚投奔父亲，1940年归国求学。1949年7月毕业于上海同济大学医学院，1991年当选为中国科学院院士，1996年被中央军委授予"模范医学专家"荣誉称号，2005年获国家最高科学技术奖，2011年当选为"感动中国"人物。

作为中国肝脏外科的开拓者和创始人，吴孟超在长达70多年的从医生涯中，用"济世之术、济世之德、济世之魂"成功救治了16 000多名患者，96岁高龄还坚持每周两三台手术。他和他的团队创造了中国乃至世界医学界肝胆外科领域的一项又一项奇迹：主刀完成了我国第一例成功的肝脏手术；翻译了第一部中文版的肝脏外科入门专著；制作了中国第一具肝脏血管的铸型标本；创造了间歇性肝门阻断切肝法和常温下无血切肝法；完成了世界上第一例中肝叶切除手术；切除了迄今为止世界上最大的、重达36斤的肝海绵状血管瘤；完成了世界上第一例在腹腔镜下直接摘除肝脏肿瘤的手术；为一名仅4个月大的女婴切除了肝母细胞瘤，创下了世界肝母细胞瘤切除患者年龄最小的纪录……由于他和他学生的努力，我国的肝癌患者术后5年生存率由二十世纪六七十年代的16.0%，上升到八十年代的30.6%和九十年代以来的48.6%。2011年5月，为了表彰他在肝胆外科领域的杰出成就，国际小行星中心将17 606号小行星命名为"吴孟超星"。

对于祖国和人民，他是赤子，始终把祖国和人民的需要作为自己努力的方向。1940年他毅然回到战火纷飞的祖国，1943年成为"中国外科之父"裘法祖的学生。在选择方向时，他听从导师的意见，选择了我国发病率高、治疗技术几乎为空白的肝脏外科，走上了医学报国之路，并立志要让中国肝胆外科站到世界最前沿。当时，中国肝胆外科没有教科书，没有符合正常生理的肝脏解剖理论，没有成功的肝癌切除手术先例。经过他和同行的艰苦努力，改革开放初期，中国的肝胆外科一跃成为世界的领跑者。1956年，他实现了加入党组织的夙愿，此后，无论身处什么样的环境、受到什么样的挫折和委屈，他对党的信仰都没有丝毫动摇。

对于患者，他是仁者，总是设身处地为患者着想。他常说："一个好医生，眼里看的是病，心里想的是人。"他的"吴氏刀法"快、准、稳，直奔主题，缩短手术时间，减少创面出血，患者恢复快、存活率高。他对待患者非常认真，查房时会仔细向医生询问患者化验单上的每一个数据，不放过病历上的每一个错字，他最讨厌别人说"差不多""好像是"。绝大多数肝癌都具有传染性,但吴孟超经常拉着患者的手问诊,还用手触摸患者的额头,感受他们的体温。冬天,他总是把手搓热了再给患者做检查。他对收红包的行为深恶痛绝,要求医生用最简单、最便宜、最有效的方法为患者治疗,还多次给贫困的患者捐款。

对于学生,他甘为人梯,致力于培养优秀的医学人才。他深知,要从根本上解决中国的肝癌问题,就必须培养一大批优秀人才,同时展开基础研究。1978年,吴孟超顶着压力申请培养研究生,1981年开始培养博士。1990年,他带着8名学生参加中华医学会第五届中青年学术交流会,经评比,8人全部获奖,并夺走了"团体冠军"荣誉。他一生培养了260多名硕、博士研究生,对每一名学生都倾注大量心血。无论多忙,他都会亲自帮研究生选课程、定课题,定期指导和布置论文。这些人绝大多数成为我国肝胆外科的中坚力量。他从不害怕被学生超越,总说"只有被学生超过的老师,才是一个成功的老师"。

1996年,吴孟超将获得的各类奖金全部捐出,设立了"吴孟超肝胆外科医学基金";2006年,他将国家和原后勤总部奖励的600万元全部捐给单位,用于人才培养;2019年,他主动带头、积极响应国家推行的院士退休制度,光荣退休,又一次为军队各级干部做出表率。

回想走过的人生路,吴孟超说:"选择回国,我的理想有了深厚的土壤;选择从医,我的追求有了奋斗的平台;选择跟党走,我的人生有了崇高的信仰;选择参军,我的成长有了一所伟大的学校。"2021年5月,吴孟超因病医治无效在上海去世,享年99岁。

【素材出处】

百度百科:https://baike.baidu.com/item/吴孟超/982182? fr=aladdin;光明日报:《人民医学家吴孟超》,2011-04-29,http://images1.wenming.cn/web_wenming/xj_pd/xjdx/201104/t20110429_162915.shtml。(根据以上资料整理)

【案例点评】

吴孟超的事迹包含以下思政元素:

(1)家国情怀。他在战乱年代回到祖国,并将国家和人民的需要作为自己终生奋斗的目标,在肝胆外科领域做出卓越贡献,体现了他对国家的热爱、忠诚和担当。

(2)敬业精神。他一生挽救了16 000多人,创造了中国乃至世界医学界肝胆外科领域的一项又一项奇迹,将"吴氏刀法"练得炉火纯青,以减少患者的痛苦,对化验单的每项数据都会仔细询问,体现了他高度的职业责任感和精益求精的工作态度。

(3) 人文素养。吴孟超总是设身处地为患者着想,不仅尽力医治患者身体的疼痛,还很照顾患者的心理需求,尊重、关心患者。

(4) 艰苦奋斗精神。在条件非常艰苦的年代,吴孟超和他的同事通过拼搏,使我国治疗技术几乎为空白的肝胆外科一跃成为世界的领跑者。

(5) 奉献精神。他不计较个人的名誉和得失,一心为患者、为我国的肝脏外科医疗和教育事业兢兢业业,获得的奖金也全部用于培养人才,甘为人梯,体现了强烈的奉献精神。

(6) 清正廉洁。他将患者的利益放在第一位,对收红包的行为深恶痛绝,总是要求医生用最便宜、最有效的方法治疗,还多次给贫困患者捐款。

(7) 国际视野。中国人肝病发病率高,吴孟超团队艰苦奋斗,使中国肝胆外科站在世界前沿,赢得了国际医学界的高度肯定,提升了国家综合实力。

【教学建议】

本素材可用于"外科学"课程肝疾病部分的教学,由教师简单讲授,素材作为补充材料推送给学生课后自学。

(梅建伟　罗强)

19 "糖丸爷爷"顾方舟

【案例呈现】

顾方舟(1926年—2019年),祖籍浙江宁波,1926年生于上海,1948年加入中国共产党,1950年毕业于北京大学医学院,1955年获苏联医学科学院医学科学副博士学位,曾担任中国协和医科大学校长、中国免疫学会名誉理事长,荣获英国皇家内科学院(伦敦)院士、第三世界科学院院士等。因为在消灭脊髓灰质炎的过程中贡献巨大,顾方舟被称为"中国脊髓灰质炎疫苗之父"。

脊髓灰质炎,又称"小儿麻痹症",是一种致残、致死的恶性传染病。二十世纪五十年代,脊髓灰质炎病毒在全国流行,特别是江苏南通和广西南宁,发生过大暴发。这种病大部分是隐性感染,没有特殊症状,只有发烧、咳嗽,且不造成肢体瘫痪。虽然隐性感染对患儿本身不会造成严重后果,但是病毒会在肠道繁殖,排泄出来还会传染给别的孩子,有的患儿感染病毒,成为显性感染,病毒侵犯到脊髓神经的哪一部分,哪一部分支配的运动功能就会有障碍,更严重的是侵犯延髓的呼吸中枢造成呼吸麻痹,会导致死亡。这个病是儿童致残的主要杀手,因为缺乏有效的治疗方法,只能依靠接种疫苗产生免疫保护反应来预防。当时欧美等国对我们实施技术封锁;随着中苏关系恶化,苏联也停止了对我国的技术援助,这就意味着我们需要自力更生研发疫苗。

顾方舟在苏联学习考察期间,参加了国际性的脊髓灰质炎疫苗的学术会议,在会议上掌握了学术界对死疫苗和活疫苗的种种对立观点。在向卫生部(现更名为卫计委)汇报、确定中国自己的脊髓灰质炎疫苗方案时,他依据扎实的专业知识和其苏联导师的建议,从中国国情出发,确定以活疫苗为接种方案。科学疫苗路线的确立,为后来消灭脊髓灰质炎奠定了坚实的基础。

顾方舟带领科技人员经过攻关,研制成功了脊髓灰质活疫苗(下称脊灰疫苗),并通过细菌培养和动物毒力实验等一系列检查确定了活疫苗的安全性。本着对自己研发疫苗质量的信心和对儿童安全负责的责任心,他带头服用脊灰疫苗,亲身证实了活疫苗的安全性。但这种疫苗的接种对象主要是7岁以下的儿童,成年人服用安全,还需要在适龄儿童人群中也证实服用安全。当时,顾方舟的大儿子刚好出生不久,他义无反顾地把自己的儿子招募为疫苗的第一期志愿者。他说:"我们搞这一行的,心里有数,不像是别的人还挺害怕,我不能够随便拿孩子去冒这个险,我自己的孩子不吃,让别人吃去,这不大仗义。"第一期临床实验需要

10名志愿儿童,超过半数的志愿儿童是科研人员的孩子。后续的临床实验,验证了活疫苗的安全性和有效性,为我国儿童抵抗脊髓灰质炎提供了强有力的武器。

疫苗研制成功只是第一步,要在全国推广,还需要上亿剂的疫苗量,扩大生产是一项重要任务。因为脊灰疫苗需要通过猴子肾脏细胞的上皮细胞培养,还需要在猴脑内、脊髓内注射而不发病,通过了毒力实验才能使用。为解决这个问题,国家准备在生物资源丰富的云南昆明成立猿猴生物站、医学生物学研究所,既可以生产疫苗,又能利用猴子做医学实验来研究医学上的问题。当时昆明经济落后,生活条件艰苦,基地又在深山,从头建设非常困难。顾方舟主动请缨,并说服母亲和妻子,携带一家老小从北京来到昆明。

面对一片荒芜的山地,顾方舟带领大家开荒,自己动手,创造生活和科研生产条件,既有繁重的体力劳动,还要培养技术人员。从生产的前期准备,抓捕、饲养猴子,到病毒培养、细胞培养、疫苗的半成品和成品检定,都靠他们完成。此外,他们还制定了脊灰疫苗生产涉及的全方位技术规程。当时正值国家遭受自然灾害的困难时期,在温饱都不能保证的条件下,顾方舟带领大家饿着肚子建立起了生产能力每年能达到几千万人份甚至上亿人份的昆明基地。

最初的活疫苗都是液体,使用起来很不方便。根据小孩喜欢吃糖的习惯,顾方舟改进活疫苗剂型,制成糖丸,让孩子们在吃糖的时候就接种了疫苗,提高了疫苗的接受程度,改进了疫苗接种程序;更重要的是,糖丸保存期更长,使疫苗更容易在我国偏远地区推广接种。这颗糖丸,守护着千千万万的儿童,他被孩子们称为"糖丸爷爷"。因多年无新发病例,2000年世界卫生组织证实中国成为无脊灰国家。2019年,国家主席习近平签署主席令,授予顾方舟"人民科学家"国家荣誉称号。

【素材出处】

李娟、卢莉、吴疆等:《顾方舟:为抗击脊髓灰质炎而无私奉献的一生》,载《国际病毒学杂志》,2019,04:217-218;范瑞婷:《脊髓灰质炎疫苗的研究——顾方舟访谈》,载《中华医史杂志》,2018,48(5):304-312。(根据以上文献整理)

【案例点评】

顾方舟的事迹包含以下思政元素:

(1)家国情怀。顾方舟将国家和人民的需要作为自己努力的方向,一生都在为抗击脊髓灰质炎而奋斗,这体现了他对祖国的忠诚和热爱,对国家命运和人民幸福的使命担当。

(2)艰苦奋斗精神。他的团队发扬艰苦奋斗精神,在缺少国际援助的情况下,自力更生研发出脊髓灰质活疫苗,并且饿着肚子建成昆明基地,为我国消灭脊灰炎做出了重要贡献。

(3)奉献精神。疫苗研制成功后,他带头服用活疫苗,并将自己的儿子招募为第一批志愿者,这种为科学献身的精神令人动容。

(4)创新精神。他根据小孩喜欢吃糖的习惯,改进活疫苗剂型,制成糖丸,用新方法提高了疫苗的接受程度、改进了疫苗接种程序,大大提高了疫苗的接种范围。

【教学建议】

本素材可用于"医学免疫学"课程免疫学防治部分"减毒活疫苗"内容的教学,也可用于"预防医学"课程传染病预防与控制部分"免疫规划"内容的教学,主要由教师讲授。

(高志婕　李平飞　刘颖)

20 屠呦呦:一生只为青蒿素

【案例呈现】

疟疾,是一种常见的热带流行病,俗称"打摆子",是由人类感染疟原虫引起的寄生虫病,主要由雌性按蚊叮咬传播。通常疟原虫先侵入人体肝细胞发育繁殖,再侵入红细胞发育繁殖,引起红细胞成批破裂而发病,临床上以反复发作的间歇性寒战、高热、盛汗热退为特点。反复的疟疾发作可造成大量红细胞的破坏,使患者出现不同程度的脾大和贫血等症状。

根据WHO 2018年的《世界疟疾报告》,2017年全球疟疾发病人数为2.19亿人,死亡44.5万人,非洲区域占全世界疟疾病例和死亡总数的92%。而在抗疟方面,青蒿素是中医药给全世界人民的礼物,更是中国科研工作者大爱无疆的赤诚奉献,屠呦呦就是这群人的典型代表。

1930年12月30日,屠呦呦出生于浙江宁波。作为一名药学专业学生,屠呦呦考入北大医学院时就与植物等天然药物的研发、应用结下了不解之缘。1967年5月23日,为了援外、战备紧急任务,国家科学技术委员会和解放军原总后勤部召开了"疟疾防治药物研究工作协作会议",疟疾防治药物的研究项目代号被定为"523"。1969年,年仅39岁却已在中医药研究领域打下坚实基础的屠呦呦临危受命,成为课题攻关的组长。从接到任务起,屠呦呦就带领组员夜以继日地工作,3个月翻阅了上百份中国古代医学典籍,从2000多个抗疟药方中精选了640个,并逐一进行实验排查。

在经历了190次失败、筛选了300多种中草药后,葛洪的《肘后备急方》的几句话引起了屠呦呦的注意。"青蒿一握,以水二升渍,绞取汁,尽服之"这句话一语惊醒梦中人,她马上意识到问题可能出在常用的"水煎"法上,因为高温会破坏青蒿中的有效成分,她随即另辟蹊径,采用低沸点的乙醚进行实验。1971年,课题组终于在第191次实验中发现了青蒿提取物,检测结果显示该提取物样品对疟原虫的抑制率达到100%!

为了保证患者的用药安全,1972年屠呦呦与其他两位课题组的同志不顾安危"以身试药",证明了药物的安全性。同年,他们成功分离得到抗疟单体化合物的结晶,命名为"青蒿素";1975年他们确定了青蒿素的分子式和分子结构,1978年他们确定了青蒿素的绝对构型;1984年科学家们终于实现了青蒿素的人工合成。如今,以青蒿素为基础的联合疗法,已经成为世界卫生组织推荐的抗疟疾标准疗法。作为青蒿素的重要发现者之一,屠呦呦的这个成果挽救了数百万人的生命。

2015年10月5日,瑞典卡罗琳医学院在斯德哥尔摩宣布,中国女科学家屠呦呦与另外两位科学家分享2015年诺贝尔生理学或医学奖。她成为第一个获得诺贝尔自然科学奖的中国人。多年从事中药和中西药结合研究的屠呦呦,创造性地研制出抗疟新药——青蒿素和双氢青蒿素,对疟原虫的抑制率达100%,这个发现被誉为"拯救2亿人口的发现"。

2016年2月14日,屠呦呦被评为2015年度"感动中国"人物;2016年3月,屠呦呦获"影响世界华人终身成就奖";2016年4月21日,屠呦呦入选《时代周刊》公布的2016年度"全球最具影响力人物";2017年1月9日,国务院授予屠呦呦"国家最高科学技术奖";2019年1月14日,屠呦呦与居里夫人、爱因斯坦、图灵一起入围了BBC"20世纪最伟大科学家";2019年,在庆祝新中国成立70周年之际,她又被授予"共和国勋章"。

面对荣誉,屠呦呦不止一次表示"荣誉属于集体"。她说:"如果没有祖国社会主义制度的优越性和集中力量办大事的举国体制,又怎么能组织这么多专家,在这么短的时间发现青蒿素并取得药物研发成功呢?"她也一直很怀念自己的团队,说那是一个传承了"两弹一星"精神的团队,对国家使命有高度责任感与担当,正是有了这种爱国精神,才有了奋斗与奉献、团结与协作,才有了创新与发展,才能使青蒿素联合疗法拯救众多疟疾患者的生命。

如今,年过九旬的屠呦呦依然在为青蒿素的研究继续工作。为了解决青蒿素抗药性难题,她带领团队在"青蒿素抗疟机理研究""青蒿素抗药性成因"等层面不断取得新的进展,同时也在为中医药事业培养更多的人才而奋斗。

【素材出处】

屠呦呦:《不慕浮华,醉心青蒿:不变的屠呦呦》,载《健康中国观察》,2019,10:38-40;罗元生:《屠呦呦:一生只为青蒿素》,载《时代报告》,2019,11:68-71。(根据以上文献整理)

【案例点评】

屠呦呦团队的事迹包含以下思政元素:

(1)家国情怀。屠呦呦一生致力于疟疾防治药物的研究,她始终将国家和人民的需要作为自己奋斗的目标,体现了对国家和人民的热爱,以及为人民幸福而奋斗的使命担当。

(2)制度优势。国家组织大批专家,在短短几年内就成功找到了抑制疟原虫的有效途径,体现了集中力量办大事的社会主义制度优势。

（3）文化自信。屠呦呦从《肘后备急方》中得到启示，成功提取了青蒿素，足以证明中国古人的智慧和中医药的实力；团队传承了"两弹一星"精神，才有了一系列重大成果，体现了革命文化的巨大能量。

（4）民族自信心。屠呦呦团队完全独立地研究出疟疾防治药物，表明中国人不会比任何人逊色，甚至更加出色。

（5）敬业精神。接到任务以后，她带领团队成员夜以继日地工作，3个月翻阅了上百份中国古代医学典籍，从2000多个抗疟药方中精选了640个，体现了他们的敬业精神。

（6）献身精神。为了验证青蒿提取物的安全性，团队成员冒着危险以身试药，为科学献身。

（7）创新精神。屠呦呦创造性地研制出青蒿素和双氢青蒿素，这个成果被誉为"拯救2亿人口的发现"，体现了创新在医学发展中的重要意义。

（8）国际视野。青蒿素是中医药送给世界的礼物，挽救了成千上万的生命，这是中国为构建人类命运共同体做出的贡献，也有力提升了中国在国际社会的影响力。

【教学建议】

本素材可用于"药理学"课程抗寄生虫药部分"抗疟药"内容的教学，也可用于"人体寄生虫学"课程医学原虫学部分"疟原虫"内容的教学。教师简单讲解，组织学生讨论：屠呦呦为什么能成功研制青蒿素？

（梅建伟　董晓霞　赵燕清）

21 中国微循环的领军人物——修瑞娟

【案例呈现】

修瑞娟,女,1935年出生于青岛,1953年进入北京医学院学习,1955年进入苏联莫斯科斯大林第二医学院医学系学习,1961年毕业回国,历任中国医学科学院实验医学研究所助理研究员、基础医学研究所副研究员、中国医学科学院微循环中心主任、研究员,中国医学科学院副院长,中国协和医科大学副校长,是我国微循环研究领域的领军人物。

修瑞娟从苏联回国以后,被分配到中国医学科学院基础医学研究所工作,多年来的探索和研究,使她对微循环产生了特殊的兴趣。微循环是医学界的一项高深理论,当时的研究尚处于起步阶段,欧美发达国家也没弄清楚其中的奥秘,中国在这个领域还是空白。修瑞娟相信自己能够经过长期的努力登上这座高峰。

为了继续开展科学研究,1970年,修瑞娟带着两个女儿来到四川简阳。当时的她面临着两个困难:一是家庭负担沉重,两个年幼的孩子全靠她一人照顾,二是微循环研究离不开奄奄一息的肺心病患者,简阳没有大医院,无法获得第一手可信的资料。因此,她向领导提出申请,到省医院做科研。领导同意了她的想法,并帮她联系了成都的医院,两个孩子她托付给当地一户人家照看,每个月支付50元,剩下的12元钱就是她一个月的生活费。

安排妥当之后,她就背着显微镜和照相机,翻山越岭,坐上了去成都的火车。每个星期一天明之前她离开孩子去成都,星期六再从成都返回简阳,先去医院向领导汇报科研进展,再去与孩子团聚。作为母亲,她希望能时刻陪伴孩子,但她更爱自己的事业,为研究课题倾注了更多心血。其中的纠结和酸楚,无法言说。

修瑞娟想做的,就是发现肺心病患者在生命弥留之际微血管的长度及管径的变化,并总结其中的规律。能够找出一种科学的方法去发现微血管的秘密,并能够将这种方法付诸实践的,修瑞娟可能是最早的一个。一般来说,肺心病患者发病都在夜晚,医院的职工住房紧张,她只能住在火车站附近的招待所里。每天下午两点,她离开招待所,挤上一辆通往省医院的汽车,下车后又急匆匆地奔向肺心病患者的病房,通过显微镜仔细观察患者手指的甲皱微循环,然后测出微血管的长度和管径的大小,最后拍照片、写记录。每一个患者的手指都要从她的显微镜下经过,每一点细微的变化逃不过她的眼睛。做完这些工作,通常已经是第二天早上了。她离开病房,返回招待所,做完总结工作才能休息四五个小时。

在病房里,修瑞娟除了要做研究,还经常要照顾患者喝水、大小便,甚至还要帮助医护人员对危急患者进行急救。她的研究需要活人的数据,更需要死者的数据,因为肺心病患者在生命结束的一刹那以及之后的一个半小时,是她获得数据的重要时机。她也不知道自己有多少个晚上是在太平间度过的。她经常随着死者从病房转移到太平间,用显微镜对准死者的手指,细致入微地记录血液从死者手指的甲皱完全排空时微血管的变化。寂静的太平间加上萧瑟或凛冽的风声显得凄凉且恐怖,可修瑞娟心里只想着她的微循环,想着从微循环的世界中找到使肺心病患者起死回生的灵丹妙药。

随着光阴的流逝,修瑞娟的汗水终于结出了硕果。1972年,她的论文《肺心病患者甲皱微循环的变化》在国际上引起了强烈的反响。她用大量翔实的科学数据,真实地再现了肺心病患者在发病时微循环血管的变化规律,根据这个规律,她做出大胆的判断:肺心病患者的死亡或休克,不一定是心脏发生了问题,很可能是微循环出现了障碍。1981年—1983年,她在美国进修期间,发现国产药物山莨菪碱能够抑制血液中粒细胞和血小板的聚集,并能成功地抑制血栓素的合成,这是医学界不少研究人研究多年而未能解决的问题。她首次发现并证明,各级微循环的自律性运动,是以波浪形式进行传播的,从而提出了"微循环对器官和组织的波浪式灌注"的新论点,否定了之前"田园式灌注"的论点。这个理论被世界同行称为"修氏理论",是世界医学史上第一个以中国人的名字命名的理论。

微循环日益受到国际医药领域的重视,研究证实,心绞痛、心肌梗死、脑血栓、脉管炎、哮喘、慢性气管炎、糖尿病,这些疾病的预防和治疗,极有可能在微循环领域获得重大突破。由于在这个领域的突出贡献,修瑞娟在国际医学界享有很高的声望。2001年,她被联合国教科文组织授予"世界杰出女科学家"的荣誉称号;2010年,她获得微循环科学的最高荣誉——国际微循环研究终身成就奖。这项世界医学领域的重要大奖设立三十年以来,第一次由中国人摘得。

【素材出处】

李兰英:《修瑞娟与微循环研究》,载《人民画报》,1984,3:18-45;马家麟:《探索微观世界的奥秘——访著名医学专家、微循环研究所所长修瑞娟》,载《前进论坛》,1997,1:22-24;马镇、刘亚君:《摘取科学王冠上的明珠——记国际微循环研究终身成就奖获奖者修瑞娟》,载《前进论坛》,2011,2:44-45。(根据以上文献整理)

【案例点评】

修瑞娟的事迹包含以下思政元素:

(1)民族自信心。修瑞娟提出"微循环对器官和组织的波浪式灌注"理论,被国际微循环界权威称为"修氏理论",还发现了山莨菪碱的作用,解决了医学界的一大难题,令中国人为之自豪。

(2)科学精神。修瑞娟通过大量翔实的科学数据,真实地再现了肺心病患者在发病时微循环血管的变化规律,提出了"修氏理论",体现了严谨求实的科学精神。

(3)奉献精神。为了做科学研究,修瑞娟在简阳与成都之间来回奔波,辗转于招待所、病房、太平间之间,并长期忍受与孩子分离的痛苦,体现了高度的奉献精神。

(4)国际视野。作为医学界的一个高深理论,当时国际社会对微循环的研究刚刚起步,中国在这个领域还是空白,修瑞娟通过不懈努力,在这个领域取得世人瞩目的成就,体现了她的国际视野。

【教学建议】

本素材可用于"病理生理学"课程"休克或 DIC"内容的教学,也可用于"内科学"课程"肺动脉高压与肺源性心脏病"内容的教学,由教师简单讲授,素材推送给学生自学。

(隆娟 罗强 刘坚)

22　无双国士钟南山

【案例呈现】

钟南山,1936年10月出生在江苏南京,福建厦门人。他出生在一个医学世家,父亲钟世藩是我国著名的儿科专家,母亲廖月琴是广东省肿瘤医院的创始人之一。他的父亲和母亲都是医学专家,他却喜欢体育运动。1958年,他在北京医学院(今北京大学医学部)上学期间打破了全国400米栏的纪录,时至今日,该校还有几项由钟南山创下的纪录无人能破。

1960年,钟南山毕业并留校任教。1971年,他来到广州,成为一名医生,专攻呼吸内科疾病。他的一生都奉献给了慢阻肺、呼吸衰竭等疾病的治疗、研究和教学,成为推进中国呼吸病学迈向国际前沿的学科带头人之一,并于1996年当选为中国工程院院士。

2002年12月,钟南山在广州接治了一名肺炎患者,持续高烧、干咳,肺部经X线透视呈现"白肺",用传统的抗生素没有任何作用。这种病就是我们后来所知的"非典":一种由未知冠状病毒引发的、叫作"非典型肺炎"的新型高危传染病,国际上的英文缩写为SARS。随着越来越多的病例出现,疫情也越来越严重。2003年1月22日,广东省卫生厅发出通告,吹响了广东省防治"非典"的号角。当时,钟南山由于持续的神经紧绷、连续38小时的高强度工作,在检查完病房后,头晕目眩,身体发烫。在夫人的悉心照料下,两天后他退烧了,肺部炎症影像也消失了,他确定自己得的不是"非典"。痊愈后的钟南山向广东省卫生厅说:"把重症病人都送到我这里来!"那一年,他67岁。

在治疗"非典"的前期,所有专家都认为这是衣原体的问题,但钟南山发现针对衣原体用药根本不起作用,于是,他大胆推测,这是病毒感染的结果,这一论断为广东省卫生行政部门及时制订救治方案提供了决策论据,使广东成为全球"非典"患者治愈率最高、死亡率最低的地区之一。他最早制定出《非典型肺炎临床诊断标准》,并且带着课题组率先探索出了一套富有明显疗效的防治经验,这条经验被WHO认为对全世界抗击非典型肺炎有指导意义。为了防治"非典"一样的高传染性呼吸科疾病,钟南山牵头建立了呼吸疾病国家重点实验室,并在以后的几年里成功战胜了H5N1、H5N6等多次呼吸科传染疾病,守护了中国人民的健康。

新冠肺炎疫情暴发后,84岁高龄的钟南山再次挂帅出征。2020年1月18日,钟南山接到通知赶赴武汉。到了武汉之后,他立刻投入紧锣密鼓的工作中,对大量案例和资料进行研究和整理。1月20日,他向全国媒体宣布,新型冠状病毒确定存在"人传人"现象,没有特殊情况不要去武汉,这番话拉响了全国抗击疫情的警报,同时也为控制疫情在全国的蔓延赢得先机。

1月23日,武汉关闭离汉通道。为缓解武汉新冠肺炎患者激增导致的收治难、救治难的问题,从1月24日开始,各省份陆续组织医务人员援鄂,先后有340余支医疗队、42 000余名医护人员奔赴武汉。2月18日,全国新增治愈出院病例数超过新增确诊病例数,确诊病例数开始下降;2月20日,武汉市新增治愈出院病例数首次大于新增确诊病例数。在医护人员、科研人员以及全国人民的共同努力下,3月18日,全国新增本土确诊病例实现零报告,中国基本控制了新冠肺炎疫情。4月8日,在按下暂停键76天后,武汉"解封"。

自挂帅出征以来,钟南山始终冲在前线,始终如铁人般拼命:4天内奔走武汉、北京、广州三地,长时间科研、开会、远程会诊、接受媒体采访,甚至在飞机上研究治疗方案……无论是撰写诊疗方案、疫情防控,还是重症救治、科研攻关,他都做出了杰出贡献。

因为在我国医疗卫生事业中的卓越表现,钟南山获得广东省唯一一项特等功、广州市"抗非英雄"、2003年度"感动中国"人物、白求恩奖章、"五一"劳动者奖章、"最美科技工作者"等多项荣誉,2020年8月被授予"共和国勋章"。

钟南山是专家、权威,但他依然坚持每周三上午"院士大查房"、每周四下午的半天门诊。对待患者,他很细心:冬天天冷,他用手先把听诊器捂热,再给患者听诊;做检查时,他会扶着患者慢慢躺下,等检查结束再扶起来。有人曾这样评价钟南山:既有国士的担当,又有战士的勇猛,他回应的最多的一句话是:"我不过是一个看病的大夫。"

【素材出处】

百度百科:https://baike.baidu.com/item/钟南山/653914?fr=aladdin;环球网:《钟南山:无双国士 医教双馨》,2020-09-09,https://baijiahao.baidu.com/s?id=1677343782521299972&wfr=spider&for=pc。(根据以上资料整理)

【案例点评】

钟南山的事迹包含以下思政元素:

(1)家国情怀。钟南山的一生都奉献给了慢阻肺、呼吸衰竭等疾病的治疗、研究和教学,特别是非典、新冠疫情期间,他为守护人民的健康做出卓越贡献,这种为祖国医疗卫生事业奋斗终生的责任担当源于他对祖国人民的忠诚和热爱。

(2)奉献精神。"非典"期间,67岁的他说:"把重症病人都送到我这里来!"新冠肺炎期间,84岁的他告诉公众"尽量不要去武汉",自己却义无反顾地挂帅出征到武汉,并且始终奋斗在抗疫一线,体现了高度的奉献精神。

(3)科学精神。"非典"和新冠肺炎期间他都表现得"敢医敢言",为疫情的控制赢得重要时机。这种做法源于他不盲从的客观理性精神和严谨求实精神。他最早制定出《非典型肺炎临床诊断标准》,并且带着课题组率先探索出了一套富有明显疗效的防治经验,体现了探索创新的精神。

(4)人文素养。钟南山始终把自己看作一个看病的大夫,并且对患者予以极大的尊重与关怀,坚持院士查房和门诊,把患者的需求放在第一位,体现了他极高的医学人文素养。

(5)国际视野。"传染病没有国界,只要有一个国家不干预,全球新冠疫情就不会消失。""通过交流,可以让其他国家少走弯路。"为此,钟南山不仅为国内疫情防控建言献策,还通过远程连线分享中国方案,为全球抗击疫情积极贡献力量。

【教学建议】

本案例可用于"预防医学"课程绪论部分"三级预防、公共卫生服务、卫生工作面临挑战"内容以及突发公共卫生事件及应急管理部分的教学,也可用于"病理学"课程"呼吸系统"以及"内科学""肺部感染性疾病"内容的教学。

(隆娟　刘颖　赵虎子)

23 破译肿瘤密码的探索者——卞修武

【案例呈现】

卞修武,男,1963年11月出生于安徽省寿县,人体病理学家,中国人民解放军陆军军医大学第一附属医院教授、博士生导师、主任医师,全军临床病理学研究所所长,主要从事人体病理诊断和研究工作。

1981年,卞修武进入第三军医大学(现陆军军医大学)学习,1986年获得学士学位。20世纪80年代,第三军医大学烧伤研究早已誉满全国,他的导师正是烧伤病理学研究方面的专家,但他却选择了一个新的方向——脑肿瘤病理。当时,我国在这个领域的研究很少,卞修武选择这个方向就意味着他能够得到的指导很少,得自己想办法攻坚克难。

从1991年到1995年,除了导师的指导,他基本上一直处于"单打独斗"的状态,夜以继日地"研读"显微镜下的肿瘤病例切片。通过多年的努力,他和他的科研团队对5万多例肿瘤标本病理切片进行了逐一分析,对多类型肿瘤微血管形态、结构以及免疫表型特征进行了病理学研究。最终,他们在世界上第一个提出"肿瘤微血管构筑表型异质性"概念,这个研究吸引了世界医学界的目光,把肿瘤血管生成和抑制血管生成研究带进了一个全新的阶段。在研究肿瘤血管的过程中,他还开始探索肿瘤干细胞对肿瘤血管的直接和间接作用。基于大量的实验数据,他们首次揭示了肿瘤血管生成的始动细胞机制。他们还在世界上率先证明,肿瘤干细胞是抗血管生成的重要细胞靶标,被国际权威杂志《神经外科》的主编称为"完美的研究。"2012年,卞修武带领团队研究的"肿瘤血管生成机制及其在抗血管生成治疗中的应用"项目获得了国家科学技术进步奖一等奖。2017年,他当选中国科学院院士。

2020年初,新冠肺炎肆虐,确诊病例和死亡病例都在不断增加,但临床上对这个新发传染病的认识却远远不够:病毒在人体内的分布情况、器官组织的病理变化、如何致病等问题一直没有答案。卞修武作为全国政协委员,1月份就通过全国政协委员"履职平台"等途径提出开展新冠肺炎尸检工作的建议,并被采纳。2月初,他主动请缨,获准后立即和擅长穿刺的影像学专家到达武汉,成为军事医学专家组成员。当时,全国没有一个可以研究烈性传染病的尸体解剖室。为了解决这个问题,卞修武先在中部战区总医院的一块空地上顶着风雪建成了一座负压帐篷式尸检板房,后来,在相关单位的协助下,他又带着团队在火神山医院三天建成全国首个符合负压过滤标准的生物安全尸检方舱,防护等级达到最高。这间方舱后来成了卞修武团队在武汉"最好的工作室"。

2月18日深夜,卞修武等人在金银潭医院的负压手术室实施了第一例新冠肺炎遗体解剖。为逝者举行简单的默哀仪式后,解剖在双层尸袋中开始了,空间狭小,操作难度大,整个解剖过程持续了三个多小时。解剖时遗体的各个部位是全面打开的,解剖人员直接触摸活病毒,面临着极高的感染风险。解剖完成后,还要将遗体进行精细处理,恢复完整,再与殡仪馆对接。这项工作难度大、风险高,但自始至终,团队没有一个人退缩。他带着团队完成了40例患者遗体解剖病理诊断和深入研究工作,建立了当时已知范围内世界首个新冠肺炎病例样本库。

基于90多例遗体的脏器病理病变和体内病毒分布观测结果,卞修武牵头撰写、制定了新冠肺炎病理学改变的专家共识,填补了新冠肺炎诊疗规范中病理学内容的空白,还向国际同行进行了推荐,在尸检结果和重要发现方面集中发出了"中国声音"。临床治疗模式也因此发生改变:由前期以肺脏治疗为主转向多器官支持治疗模式,进一步加强呼吸功能管理和治疗的精细化措施,重视免疫功能检测和保护等,有效提高了救治率。

遗体病理解剖为抗击疫情做出了重要贡献,但卞修武明白,这个过程中,我国病理学科的建设与发展也暴露了很多问题,未来的路还很长。今后,他有一件更为长远的事情要做——推动我国病理学科的建设与发展。

【素材出处】

肖瑶:《"斩癌使者"卞修武》,载《中国卫生人才》,2015,2:56-59;唐余方:《破解肿瘤密码的探索者——记中国科学院院士卞修武》,载《当代党员》,2018,5:47-50;唐余方:《新冠肺炎的"解密者"——中国科学院院士卞修武和团队的战疫故事》,载《当代党员》,2020,14:59-62。(根据以上文献整理)

【案例点评】

卞修武的事迹包含以下思政元素:

(1)家国情怀。卞修武根据国家和人民的需要来选择研究方向,并克服重重困难做出瞩目成就;在国家需要时,他不顾危险冲锋在前。这些都体现了他的爱国热情和为祖国医疗事业而奋斗的责任担当。

(2)敬业精神。为了做好肿瘤病理研究,他废寝忘食、夜以继日地"研读"肿瘤切片,最终有了重大发现;为了做好新冠肺炎的病理学研究,他和团队冒着巨大的危险完成了40例遗体解剖,用行动诠释了敬业精神。

(3)艰苦奋斗精神。他做肿瘤病理研究克服重重困难,到了武汉,没有研究烈性传染病的尸体解剖室,他们顶着风雪搭建尸检板房和方舱,这是对艰苦奋斗精神的传承。

(4)科学精神。卞修武团队通过多例遗体解剖回答了新型冠状病毒在人体内的分布情况、器官组织的病理变化以及如何致病等问题,体现了严谨求实的科学精神。临床治疗模式因此发生改变,救治率也随之提高,说明科学抗疫的重要性。

(5)奉献精神。新冠肺炎逝者捐献遗体用于医学研究,帮助世人认识了新冠肺炎的发生、发展机理,为抗疫做了最后的贡献,并推动了医学事业的进步和发展,体现了大爱无私的奉献精神。

(6)国际视野。卞修武做病理研究始终紧盯国际前沿,并结合最前沿的研究挑战他人尚未涉足的领域,将中国肿瘤血管病理学和肿瘤分子病理诊断水平提升至国际前列;撰写、制定了新冠肺炎病理学改变的专家共识后,向国际同行进行了推荐,在尸检结果和重要发现方面集中发出了"中国声音"。这些都体现了他的国际视野。

【教学建议】

本素材可用于"病理学"课程呼吸系统部分的教学,也可用于"外科学"课程肿瘤部分的教学,由教师讲授。

(隆娟 赵虎子)

24　人民英雄张定宇

【案例呈现】

张定宇,男,汉族,1963年12月出生于湖北省武汉市,中共党员,毕业于同济医科大学,医学博士,现任湖北省卫生健康委员会副主任、党组成员,曾任武汉金银潭医院院长。

张定宇的母亲长期受病痛折磨,他从小就希望自己能学医,治愈母亲、照顾家人。然而,在他学成之前,哥哥患尿毒症去世,在他即将大学毕业时,父亲又因为食道癌肝转移永远离开了他。正是这些沉痛的经历,让张定宇从医的志向更加坚定,也让他对生命保持深刻的敬畏和尊重。他说,自己能做的就是尽可能多救人,让更多的家庭免受自己当时的痛苦。因此,从医30余年,他始终将患者的利益放在最前面。1997年11月,他曾随中国医疗队出征,援助阿尔及利亚;2008年5月14日,汶川地震的第三天,他就带领湖北省第三医疗队出现在重灾区什邡市;2011年除夕夜,他作为湖北省第一位"无国界医生",在巴基斯坦西北的蒂默加拉完成了三台紧急剖宫产手术……

2019年12月29日,湖北省唯一一家传染病定点医院——武汉市金银潭医院里转入一批不明原因肺炎患者,引起了院长张定宇的警惕。为了尽快查明病因,他果断采用肺泡灌洗的方法,及时采集到患者肺部深处的样本,为后来成功分离出病毒颗粒、发现和确认新冠病毒争取了宝贵时间。随后几天,不明原因的肺炎患者越来越多,张定宇察觉到情况的严重性,迅速向全院发出预警,同时申请了ICU配置的所有设备。从武汉疫情阻击战打响的那一刻起,他就日夜奋战在第一线。他说:"我一定要为我们的病人,为我们的城市,为我们的国家筑起一道生命的长城!"在医院楼道里、病房里,大家常常听到张定宇的大嗓门。嗓门越来越大,他的脚步却越来越迟缓,跛行也越来越严重。面对追问,他终于承认,自己2018年被确诊为渐冻症。这种罕见病目前无药可治,患者通常会因为肌肉萎缩而逐渐失去行动能力,就像被慢慢冻住一样,最后呼吸衰竭,失去生命。为了不让同事和患者担心,他一直默默忍着病痛。"能用我的时间,换回别人更多的时间,没有遗憾了。"张定宇淡然地说,"既然拦不住时间流逝,那就让它更有意义。"

2020年1月23日,武汉落实党中央决策部署,关闭离汉通道。金银潭医院每日灯火通明,医护工作者彻夜忙碌,无人退缩。身为院长的张定宇以"渐冻"之躯冲锋在前,拖着高低不平的脚步日夜奋战在抗击疫情的最前线。在各方支援到来之前,他与同事们在一线已经撑了近一个月。他们共救治了 2800 多名患者,其中不少为重症、危重症患者。而他自己,随着病情的加重,原来还能正常走路的左腿也跛了,天气冷时完全挪不开步子。他的妻子程琳同样奋战在抗击疫情的第一线,因为在救助过程中感染病毒,在另一家医院接受隔离治疗。在此期间,张定宇只去探望过她一次。

2020 年 2 月 13 日,在湖北省新型冠状病毒肺炎疫情防控工作指挥部召开的新闻发布会上,张定宇表示,康复患者体内有大量综合抗体对抗病毒,恳请康复后的患者积极捐献血浆。在他的努力和奔走呼吁下,不少新冠肺炎康复患者捐献了血浆,其中包括他的妻子。

正是无数像张定宇夫妇这样的医务人员舍小家、为大家,才为患者筑起生命的屏障。2020 年 8 月 11 日,国家主席习近平签署主席令,授予在抗击新冠肺炎疫情斗争中做出杰出贡献的人士国家勋章和国家荣誉称号,张定宇被授予"人民英雄"国家荣誉称号;8 月 19 日,张定宇获得第十二届"中国医师奖";9 月 17 日,中央文明办发布 2—7 月"中国好人榜",张定宇被评为"敬业奉献好人"。2021 年 2 月 17 日,张定宇被评为"感动中国 2020 年度人物"。

【素材出处】

百度百科:https://baike.baidu.com/item/张定宇/24286859? fr=aladdin;全景科学家:《追赶时间的人|"人民英雄"张定宇:病人在等我,我不能说不行》,2021-04-21,https://baijiahao.baidu.com/s? id=16967981927606625918&wfr=spider&for=pc。(根据以上资料整理)

【案例点评】

张定宇的事迹包含的思政元素如下:

(1)家国情怀。张定宇为了更多家庭不再经受自己曾经的痛苦,努力做一个好医生,尽可能救死扶伤;自己身患渐冻症,在疫情来临的时候毅然冲在第一线,要为病人、城市和国家筑起生命的长城。这种对国家和人民的热爱、为国家和人民而奋斗的责任担当令人动容。

(2)敬业精神。他始终把患者的利益和需求放在第一位,不顾自己身患重疾,与同事日夜奋战在抗疫一线,共救治 2800 多名患者,体现了高度的敬业精神。

(3)奉献精神。他一心扑在抗疫工作上,妻子感染病毒他也只探望过一次,和无数的医务人员一样,张定宇和妻子舍小家、为大家,用奉献、奋斗为患者筑起生命的屏障,生动地诠释了奉献精神。

【教学建议】

本素材可用于"生理学"课程神经系统的功能部分"神经系统对躯体运动的调控"内容的教学,也可用于"神经病学"课程"肌萎缩"内容的教学,由教学内容引出人物事迹。

(高志婕 张志锋)

第三章
临床诊疗案例

临床思维是指在观察病情、分析病情、判断病情和处理疾病的思考过程中所用的思维逻辑和方法，它是所有医生都必备的基本能力，而辩证思维能力和批判性思维能力在临床思维中又显得尤为重要。人体作为一个开放的复杂系统，系统内部各要素之间、系统与外界各种因素之间存在着广泛的相互作用和关联，疾病已经成为生理、心理、社会、经济等多重因素共同作用的结果，其本身也是一个不断变化、发展的过程。这就要求医生全面、充分地考虑各个因素之间的关系，用联系的、全面的、发展的眼光看待和思考患者的病情。同时，医学的不确定性决定了临床思维是建立诊断假设并进行鉴别诊断的思维过程，因此，要根据已经掌握的各种信息，进行批判性思维，不断纠正自己的判断，最终得出客观的、正确的诊断结果。本章包含8个临床诊疗案例，包括6个正确诊断的和1个漏诊的案例、1个误诊的案例。将临床诊断案例用于课程思政教学，可以引导学生思考如何诊疗，有助于切实培养学生的辩证思维和批判性思维能力，提高学生整合医学理论知识和解决实际问题的水平。

1 内科案例:亚急性甲状腺炎

【案例呈现】

一、病历资料

1. 现病史

患者,女性,48岁,反复发热1周,于1周前无明显诱因出现发热,自测体温升高,最高达39.4 ℃,以午后及晚间多见,发热前无畏寒寒战,伴有鼻塞、流涕不适、咽痛不适,无咳嗽、咳痰,感乏力、食欲缺乏,伴有体重下降,发热时伴有头痛,热退后头痛缓解,无心慌、胸闷,无恶心、呕吐,无尿频、尿急,无腹胀、腹泻等不适,于某三甲医院急诊科就诊,查血常规提示白细胞及中性粒细胞升高,给予"硫酸依替米星针、热毒宁针"治疗3天,仍反复出现发热,为进一步治疗,门诊以"发热查因"收住院。起病以来,患者精神尚可,食欲下降,睡眠一般,大小便正常,体力下降,体重下降。

2. 既往史

否认冠心病、糖尿病、高血压病、乙肝、结核等病史,否认食物过敏史,有头孢类药物过敏史。

3. 体格检查

体温:37.2 ℃。脉搏:87次/分钟。呼吸:20次/分钟。血压:130/86 mmHg。神志清楚,步入病房,查体合作,全身皮肤黏膜无黄染,浅表淋巴结无肿大,咽红充血,扁桃体无肿大,双肺呼吸音粗糙,未闻及明显干、湿性啰音,心律齐,未及明显瓣膜杂音,腹软,肝脾肋下未及,全腹无压痛及反跳痛,双下肢无水肿,四肢肌力如常,生理反射存在,病理征未引出,脑膜刺激征阴性。

4. 入院后相关检查

降钙素原、肌红肌钙蛋白、B型钠尿肽、腺苷脱氨酶均正常,结核标志物阴性,内毒素、葡聚糖、曲霉抗原血清指数Ⅰ均阴性,呼吸道九项病原体阴性;

红细胞沉降率ESR为121 mm/h↑。血常规+hsCRP:WBC为6.5×10^9/L↑,NEUT为5.2×10^9/L↑,中性粒细胞比率NEUT%为80.7%↑,淋巴细胞数LYMPH为0.7×10^9/L↓,淋巴细胞比率LYMPH%为11.5%↓,红细胞RBC为4.1×10^{12}/L↓,血红蛋白HGB为115 g/L↓,超敏C反应蛋白hsCRP

>5.00 mg/L↑,C反应蛋白CRP为70.62 mg/L↑。

肿瘤标志物七项:糖类抗原125(CA-125)为406.4 U/mL↑,糖类抗原199(CA199)为100 U/mL↑,余正常。

凝血全套:凝血酶原时间(PT)为12.2秒,纤维蛋白原(FIB)为6.5 g/L↑,D-二聚体D-Dimer为1.49 μg/mL。

血生化:肝功正常,钾(K)为3.2 mmol/L↓,钠(Na)为135 mmol/L↓,肌酐(CREA)为40 μmol/L↓,葡萄糖(GLU)为8.80 mmol/L↑,白蛋白(ALB)为34 g/L↓,球蛋白(GLO)为45 g/L↑。

心电图:窦性心律,正常心电图。

胸部CT:①双肺少许纤维灶,左肺上叶肺大泡;②脂肪肝。

腹部彩超:肝、胆、胰、脾未见明显异常;门静脉血流通畅;双肾、输尿管、膀胱未见明显异常;子宫肌层内低回声团(考虑子宫肌瘤可能)。

腹部CT:①胃未充盈,胃窦及乙状结肠局部壁可疑增厚,建议做胃镜及肠镜进一步检查;②子宫改变,多考虑肌瘤,宫颈局部低密度灶,建议做MR进一步检查,盆腔少量积液。

胃镜:糜烂性胃炎。

肠镜:所见结直肠黏膜未见明显异常。

二、诊治经过

入院后考虑诊断,发热查因。

(1)感染性发热:急性上呼吸道感染?肺部感染?支原体感染?肺结核?患者为中年女性,反复发热持续1周,多次查血常规提示白细胞及中性粒细胞高,有鼻塞、流涕等症状,无其他系统感染症状,考虑呼吸道感染可能性大,但患者查肺部CT显示无感染,呼吸道九项病原体阴性;结核标志物阴性,且患者经抗感染治疗后症状缓解不明显,不支持诊断。

(2)肿瘤:部分肿瘤患者可能发热。患者查肿瘤标志物七项,糖类抗原125(CA-125)为406.4 U/mL↑,糖类抗原199(CA199)为100 U/mL↑。但肿瘤发热多为中低热,且患者查腹部CT:①胃未充盈,胃窦及乙状结肠局部壁可疑增厚,建议做胃镜及肠镜进一步检查;②子宫改变,多考虑肌瘤,宫颈局部低密度灶,建议做MR进一步检查,盆腔少量积液。胃镜:糜烂性胃炎。肠镜:所见结直肠黏膜未见明显异常,不支持诊断。

诊疗经过:患者入院后治疗上予以哌拉西林他唑巴坦针抗感染治疗4天后仍反复发热,最高达39.1 ℃,予以双氯芬酸钠对照退热治疗,同时患者诉有颈部疼痛不适,查体发现甲状腺有压痛,进一步完善甲功检查,甲功九项显示,促甲状腺激素(TSH)为 0.01 μIU/mL↓,三碘甲状原氨酸(T3)为 1.71 ng/mL↑,游离三碘甲腺原氨酸为 6.36 pg/mL↑,甲状腺素(T4)为 14.56 μg/dL↑,游离甲状腺素(FT4)为 2.39 ng/dL↑,甲状腺球蛋白抗体 Anti-Tg 为 7.80 IU/mL↑,甲状腺球蛋白(Tg)为 174.74 ng/mL↑。甲状腺彩超显示,甲状腺弥漫不均质改变伴血供稍增多(桥本氏病?请结合甲功)。颈部淋巴结彩超显示,双侧颈部淋巴结增大。甲状腺 131 摄碘率检查提示甲状腺摄碘功能低下。

最后诊断为亚急性甲状腺炎:患者为中年女性,发热,并有颈部疼痛,抗感染治疗效果差,血沉明显增快,甲功提示甲状腺毒症,甲状腺 131 摄碘率检查提示甲状腺摄碘功能低下,甲功与摄碘率相分离,则亚急性甲状腺炎诊断明确。

治疗:停用抗生素,予以地塞米松抗感染治疗 3 天,患者无发热,改为泼尼松口服 10 mg,2 次/日,继续治疗,同时予以泮托拉唑钠肠溶胶囊抑酸护胃治疗,患者一直无发热,病情好转,出院前复查血沉为 81 mm/h。血常规+hsCRP:WBC 为 $11.2×10^9/L$↑,NEUT 为 $9.2×10^9/L$↑,中性粒细胞比率 NEUT% 为 82.3%↑,淋巴细胞数 LYMPH 为 $1.3×10^9/L$↓,淋巴细胞比率 LYMPH% 为 11.6%↓,红细胞 RBC 为 $4.0×10^{12}/L$↓,血红蛋白 HGB 为 109 g/L↓,超敏 C 反应蛋白 hsCRP>5.00 mg/L↑,C 反应蛋白 CRP 为 22.27 mg/L↑。

随诊:出院后患者一直口服泼尼松治疗,并每周减量 5 mg,患者无发热,颈部疼痛好转,出院两周后复查血沉为 26 mm/h。血常规+hsCRP:WBC 为 $10.9×10^9/L$↑,NEUT 为 $7.5×10^9/L$↑,中性粒细胞比率 NEUT% 为 68.9%,超敏 C 反应蛋白 hsCRP<0.5 mg/L,C 反应蛋白<0.5 mg/L。患者继续口服泼尼松,减量至 5 mg,使用两周后停用泼尼松,一直无发热,无颈部疼痛。患者出院 2 个月后复查血常规、血沉正常,甲功提示甲状腺激素正常。

三、讨论

本病例出现误诊的原因是亚急性甲状腺炎发病早期常有感冒等上呼吸道感染史,继而出现发热、颈前疼痛、咽痛等症状,易误诊为上呼吸道感染或咽炎,患者往往首先于呼吸内科、耳鼻喉科等就诊后予以抗感染治疗延误病情。此病例患者在门诊及住院后给予抗感染治疗,治疗效果不明显,完善一系列检查后,排除了呼吸道、消化道、泌尿系统等感染及结核,后因患者颈部疼痛,完善甲功检查出现异常后才考虑到亚急性甲状腺炎诊断,给予积极治疗,症状缓解。因此,临床上对发热伴有颈咽部疼痛患者亚甲炎可能性,进行甲状腺相关检查。

亚急性甲状腺炎,女性多见,一般认为与病毒感染有关,常在呼吸道感染之后发生。其临床表现不一,在轻症或不典型病例中,甲状腺略增大,疼痛或轻微疼痛,不发热,全身症状轻微,典型症状首先出现肌痛、咽炎、低热和乏力等前驱症状,随后出现弥漫性甲状腺肿大,甲状腺触痛,颈部疼痛等,整个腺体都可累及。半数患者可能出现甲状腺功能亢进,通常持续 3~4 周,甲状腺储备耗竭时甲亢终止。

典型的亚急性甲状腺炎过程包括 3 个阶段:自限性非高功能甲状腺毒症—功能正常——过性功能减退,之后绝大多数恢复正常甲状腺功能,很少人遗留永久性功能减退。甲状腺毒症阶段与高甲状腺激素血症相伴随的是低碘摄取率及血沉显著异常。治疗可以采用 NSAID 类药物缓解疼痛,彻底减轻疼痛,平均时间是 5 周,若疼痛症状 1 周内无缓解可以采用激素治疗,国内一般采用泼尼松 30 mg/d,国外多采用泼尼松 40~60 mg/d,4~6 周内逐渐减量至完全停用。大约 2% 的患者会复发。

【案例点评】

临床思维是医生将自己掌握的一般规律用于患者个体的假设、演绎推理的思维过程。本例中,患者由于有发热、鼻塞、流涕等上呼吸道感染症状,医生最初据此做出了诊断假设,诊断为呼吸道感染性发热,并给予抗感染治疗;根据发热以及肿瘤标志物检查结果建立另一个诊断假设:肿瘤。随着检查结果的逐步完善,医生根据患者肺部 CT、呼吸道九项病原体、结核标志物检查结果以及抗感染治疗效果不明显等因素否定了呼吸道感染性发热的诊断假设,根据患者高热以及腹部 CT 检查结果,否定了肿瘤的诊断假设。最后,医生通过甲功九项、甲状腺彩超发现患者激素水平升高而吸碘率明显降低,结合患者主诉颈部疼痛不适、甲状腺触痛,确诊为亚急性甲状腺炎。诊断结果的"反转"充分体现了疾病的复杂性和诊断思维的不确定性:医生在建立诊断假设之后,根据逐步掌握的信息、利用批判性思维不断纠正自己的判断,最终得出正确诊断结果。

亚急性甲状腺炎发病早期常有感冒等上呼吸道感染史,且会出现部分恶性肿瘤患者的症状——发热以及相应的异常,"病有内同而外异,亦有内异而外同",医生需要将症状与致病机理间联系的普遍性与特殊性统一起来,才能得出合理的诊断结论。本例中,患者不仅有呼吸道感染、发热等症状,还有颈部疼痛、甲状腺触痛、激素水平升高而吸碘率降低的表现,且患者为女性,要将这些因素综合起来考虑。

【教学建议】

本素材可用于"内科学"课程甲亢部分"甲状腺毒症的鉴别诊断"内容的教学,也可用于"诊断学"课程"颈部疼痛的鉴别诊断"内容的教学,教师给出病程信息,学生分组讨论进行诊断,再由教师点评,总结诊断过程。

(郭昆全　隆娟)

2 内科案例：原发性血色病、继发性糖尿病

【案例呈现】

一、病历资料

1. 现病史

患者，男性，工人，44岁，因发现血糖升高20天于2004年10月27日入院，20天前因肝区不适住肝病医院，抽血时发现FPG为6.7 mmol/L，75 g葡萄糖耐量试验显示2hPG达18 mmol/L。病程中患者无口干、多饮、多尿、消瘦、恶心、呕吐、腹痛、腹泻等症状。

2. 既往史

患者10年前因外伤行脾切除术，无特殊含铁药物服药史，无铅接触史，每年尿铅测定正常；无糖尿病家族史，父母均无类似病史；有30年吸烟史，无大量饮酒史，无输血史；自述近几年性欲减退。肝病医院诊为"病毒性肝炎慢性乙型肝硬化、2型糖尿病"，给予护肝、降酶、抗病毒治疗后出院。

3. 体格检查

患者因被诊断为糖尿病赴内分泌科就诊，体温36.6 ℃，脉搏76次/分，呼吸19次/分，血压115/75 mmHg；神志清楚，巩膜及全身皮肤无黄染，面颈部及双手等暴露部位皮肤呈古铜色（见图3-1），BMI＝26.5 kg/m^2，齿龈和口腔黏膜及皮肤皱褶部位有明显色素沉着，乳晕加深；双手轻度肝掌，无明显蜘蛛痣及面部毛细血管扩张；心界无扩大，心率76次/分，律齐，无明显病理性杂音；双肺呼吸音清，未闻啰音；腹软，肝肋下未及，腹部正中可见长约15 cm的手术疤痕，双肾区无叩击痛；各关节无红肿及畸形。

因患者有异常明显的广泛性皮肤色素沉积、腹部B超肝脏形态无明显变化，医生分析认为，该患者之前的诊断与临床表现不相符，需排查其他原因导致的皮肤色素沉积的病因。

4. 入院后进一步检查结果

血常规：正常。间接胆红素：29.4 μmol/L，稍高。谷丙转氨酶：45 U/L。HBsAg阳性，HBeAb阳性，HBcAb阳性，余阴性。75 g葡萄糖耐量试验示空腹、1小时、2小时、3小时血糖分别为5.9 mmol/L、13.1 mmol/L、13.9 mmol/L、7.1 mmol/L。血清C肽释放试验示空腹、1小时、2小时、3小时值分别为4.26 μg/L、8.22 μg/L、

13.64 μg/L、6.92 μg/L。血清胰岛素释放试验示空腹、1 小时、2 小时、3 小时值分别为 28.56 UIu/mL、60.44 UIu/mL、120.68 UIu/mL、55.72 UIu/mL。血清铁蛋白：587.57 ng/mL。血清铁：47.4 μmol/L。复查血清铁蛋白：737.93 ng/mL。复查血清铁：36.2 μmol/L。性激素正常。肝纤 4 项：HA 为 68.9 ng/mL(2～110 ng/mL)，FC3 为 98.3 ng/mL(0～120 ng/mL)，LN 为 106.3 μg/L(81.8～149.6 μg/L)，Ⅳ·C 为 65.7 μg/L(19.8～79.8 μg/L)，均正常。血皮质醇节律：8Am 为 280.5 ng/mL，4Pm 为 85.8 ng/mL，12Mn 为 25.2 ng/mL。腹部 B 超：胆囊偏大。性腺彩超：双侧睾丸未见异常。心脏彩超：二尖瓣轻度返流，左室舒张功能降低。肝脏 CT：肝脏形态尚可，边缘光滑，边界清晰。肝脏穿刺组织活检病理报告：肝细胞水肿、气球样变及局灶性脂肪变性，肝细胞碎屑样坏死，局灶性汇管区增宽；网织纤维染色显示汇管区及肝实质内纤维组织增生并多量淋巴细胞浸润，肝小叶结构紊乱。含铁血黄素染色：铁颗粒呈多灶性沉积，大部分位于肝细胞内(见图 3-2)。免疫组化染色：HBcAg(－)，HBsAg 灶状细胞(＋)，HCV(－)。骨髓报告：骨髓增生活跃，细胞外铁(2＋)，细胞内铁(58％)。

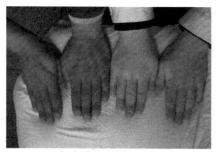

注：皮肤呈古铜色

图 3-1　患者手部照片

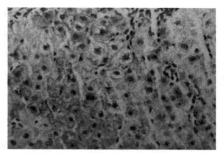

注：铁颗粒呈多灶性沉积，大部分位于肝细胞内

图 3-2　含铁血黄素染色结果

该患者肝穿后，其弟来院护理，医生发现其弟面颈部及双手等暴露部位皮肤亦呈古铜色，齿龈和口腔黏膜及皮肤皱褶部位也有明显色素沉着。血清铁蛋白：395.32 ng/mL。血清铁：38.6 μmol/L。两项指标均高于正常范围，医生劝其进一步检查时被拒绝。

二、诊治经过

入院后诊断：原发性血色病、继发性糖尿病、病毒性肝炎慢性乙型。

治疗：自 2004 年 11 月起开始静脉放血治疗，每周进行 1 次，每次放血 500 mL，至今共进行了 11 次治疗，其间未降糖，仅饮食、运动及护肝降酶药物治疗。预计治疗性放血治疗须持续至血清铁蛋白＜50 ng/mL。此目标达到后，维持性治疗只需 2～3 个月放血 500 mL。患者经 11 次放血治疗后，皮肤色素沉着有所减轻,FPG 为 4.5～5.5 mmol/L,2hPG 为 6.8～7.9 mmol/L,肝功能恢复正常,复查血清铁蛋白为 364.81 ng/mL,血清铁为 18.5 μmol/L。体重无明显下降。

三、讨论

血色病又称含铁血黄素沉着症,最早在 1889 年由 von Recklinghansen 报告,当时被称为"色素性肝硬化"。1935 年,Sheidon 提出本病是先天性铁代谢障碍引起的。血色病根据病因可分为原发性和继发性两大类。原发性血色病又称特发性或遗传性血色病,为常染色体隐性遗传性铁代谢疾病,其发病率一般为 3‰～8‰,多见于男性,常 40～60 岁开始出现症状,典型的临床症状有色素沉着、糖尿病、肝脾肿大、肝硬化、心律失常、心脏扩大、心力衰竭、关节病以及性功能减退。由于铁沉着对胰腺的直接损害,60%～80%的血色病患者患有继发性糖尿病,随着病程的发展,糖尿病也逐渐加重,该患者就是因为发现血糖升高来院检查的。据报道,未经治疗的原发性血色病患者出现症状后,其 5 年生存率约为 92%,10 年生存率约为 76%,导致死亡的主要原因为心力衰竭、肝癌、肝昏迷、胃肠道出血、肺炎等。由于血色病早期患者治疗的预后明显优于出现器官功能衰竭者,肝硬化期之前的患者以及无症状的纯合子经放血治疗,可望获得与正常人相似的生活质量和寿命,因此及早诊断是提高祛铁疗效的关键。

本例中,患者在内分泌科能做出正确诊断的主要原因在于,医生根据患者已具备的临床表现及辅助检查结果的全面分析,特别是这些结果与原有的诊断不能形成完整的证据链,尤其是不能完全解释肝硬化临床表现的严重性(广泛色素沉积)与几近正常的肝脏影像学特点。

【案例点评】

本例中,患者由于"肝区不适、血糖升高"被肝病医院诊断为"病毒性肝炎慢性乙型肝硬化、2 型糖尿病",转入三甲医院后,内分泌科医生根据明显异常的广泛性皮肤色素沉着、腹部 B 超肝脏形态无明显变化以及其他相关临床症状,否定了肝病医院之前的诊断,根据进一步检查的结果并考虑患者家属的情况,诊断为"原发性血色病、继发性糖尿病、病毒性肝炎慢性乙型"。采取对症治疗后,患者情况明显好转。批判性思维在这个过程中发挥了重要作用。

人体是由相互联系的不同部位的脏器、组织组成的整体,全身的疾病可以影响局部,也可以从局部表现出来,因此,医生要从人体普遍联系的观点出发,处理好局部与整体的关系。本例中,患者的原发性血色病为全身性的代谢性疾病,患者体内含铁血黄素过度累积,表现为肝脏受损或血糖升高。如果临床表现及辅助检查不能形成关于肝病的证据链,医生就应该由肝部的疾病联想到全身受损,从整体角度解释局部的变化。

【教学建议】

本素材可用于"内科学"课程"代谢性疾病的多脏器表现"内容的教学,也可用于"诊断学"课程"相关症状体征的鉴别诊断"内容的教学。教师给出疾病发展过程等信息,学生讨论、进行诊断,教师点评。

(郭昆全　隆娟)

3　外科案例:急性阑尾炎

【案例呈现】

一、病历资料

1. 现病史

患者,男性,47岁,因转移性右下腹痛12 h伴呕吐发热前来就诊。患者12 h之前出现上腹部和脐周不适,不固定,6 h后右下腹出现疼痛,其间伴有恶心、呕吐和发热。

2. 既往史

患者无特殊慢性疾病史,无长期服用药物史。

3. 体格检查

患者全腹平,无陈旧性手术瘢痕;右下腹麦氏点固定压痛,伴轻度肌卫,无反跳痛,未触及肿块;肾区叩痛阴性;体温为38 ℃。

4. 实验室和影像学检查

(1)血常规:WBC为15.3×10^9/L,中性粒细胞比例为87%,RBC为4.5×10^{12}/L,Hb为120 g/L,PLT计数为210×10^9/L,CRP为31 mg/L。

(2)尿常规:正常。

(3)超声检查:右下腹可见一低回声管状结构,管壁肿大,考虑为急性阑尾炎。

(4)下腹部CT检查:右下腹盲肠近端可见一管状结构,直径增粗,管壁肿大,内见粪石嵌顿,周围有渗出,考虑为急性阑尾炎。

二、诊治经过

(1)初步诊断:急性阑尾炎。

(2)诊疗经过:入院后完善术前相关检查,包括肝肾功能、电解质、血糖、出凝血功能全套、心电图和胸片。询问最后一次进食、饮水情况,术前谈话,当天急诊行阑尾切除术。术中发现:阑尾位于右髂窝,6 cm×0.8 cm,水肿增粗,表面附有脓胎,未穿孔。打开标本,内见粪石。手术顺利,术后恢复好。第7天拆线,伤口愈合好。术后病理报告为"急性化脓性阑尾炎"。

三、病例分析

1. 病史特点

病史特点见病历资料。

2. 诊断与诊断依据

(1)诊断:急性阑尾炎。

(2)诊断依据:①转移性右下腹痛 12 h 伴呕吐发热;②右下腹麦氏点固定压痛伴体温升高;③血常规结果中,WBC 为 $15.3×10^9$/L,中性粒细胞比例为 87%,CRP 为 31 mg/L;④超声检查发现右下腹有一低回声管状结构,管壁肿大,考虑为急性阑尾炎;⑤下腹部 CT 检查发现右下腹盲肠近端有一管状结构,直径增粗,管壁肿大,内见粪石嵌顿,周围有渗出,考虑为急性阑尾炎。

3. 鉴别诊断

(1)上消化道穿孔。

(2)急性胆囊炎、胆结石。

(3)急性梅克尔憩室炎。

(4)右侧肺炎、胸膜炎。

4. 处理方案及基本原则

急诊手术治疗,行阑尾切除术。

四、讨论

1. 诊断要点

转移性右下腹痛与右下腹固定压痛是急性阑尾炎的诊断要点。对于临床表现不典型的患者,右下腹 B 超和(或)腹部 CT 对于急性阑尾炎的诊断和鉴别诊断有很大帮助。婴幼儿、老年人、妊娠妇女以及 AIDS 患者患急性阑尾炎时,诊断较困难,应当格外重视。

2. 解剖要点

阑尾(appendix)位于右髂窝部,起于盲肠根部,附于盲肠后内侧壁,是三条结肠带的汇合点。其体表投影点约在脐与右髂前上棘连线中外 1/3 交界处,称为麦氏点(Mc Burney 点)。

阑尾位置多变,一般在右下腹部,但也可高到肝下方,低至盆腔内,甚而越过中线至左侧(见图 3-3)。阑尾的解剖位置可以其基底部为中心,尖端指向有 6 种类型:①回肠前位;②盆位;③盲肠后位,在盲肠后方、髂肌前,尖端向上,位于腹膜后(此种阑尾炎的临床体征轻,易误诊,手术显露及切除有一定难度);④盲肠下位;⑤盲肠外侧位;⑥回肠后位,在回肠后方。

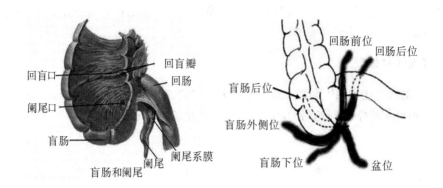

图 3-3 阑尾位置

阑尾为管状器官,远端为盲端,近端开口于盲肠,位于回盲瓣下方 2～3 cm 处。阑尾系膜为两层腹膜包绕阑尾形成的一个三角形皱襞,其内含有血管、淋巴管和神经。

3. 治疗要点

(1)治疗原则:急性阑尾炎一经确诊,应尽早手术切除阑尾,特别是婴幼儿、老人、妊娠妇女及 AIDS 患者。

(2)手术切口的选择:阑尾切除术可通过传统的开腹或者腹腔镜完成,对于术前诊断不确定者,选择腹腔镜手术更合适。

【素材出处】

沈柏用、邓侠兴:《住院医师规范化培训外科示范案例》,上海交通大学出版社,2016 年版:87-89。(有删减)

【案例点评】

本素材充分体现了假设-演绎推理为核心的临床思维模式。

通过已获得的患者为中年男性、转移性右下腹痛伴呕吐、发热等信息,医生做出"患者有急性阑尾炎"的假设:假如患者有急性阑尾炎,则可以通过体格检查、血常规检查结果、B超和CT检查结果来验证。体格检查发现患者麦氏点固定压痛;血常规检查发现中性粒细胞大幅增高;B超显示右下腹有低回声管状结构,管壁肿大;CT检查显示右下腹盲肠近端有管状结构,直径增粗,管壁肿大,另见粪石嵌顿,周围有渗出。通过以上检查检验医生得出结论:患者存在急性阑尾炎(可能)。之后手术发现阑尾水肿增粗,且表面附有脓胎,标本内有粪石,术后病理报告为"急性化脓性阑尾炎",证明了医生诊断假设的正确性。

做出初步诊断并完善相关检查后,当天即行阑尾切除术,是要防止阑尾穿孔,避免引起感染性腹膜炎、中毒性休克甚至危及生命,这是首先要解决的主要矛盾,也体现了临床思维的动态性。

【教学建议】

本素材可用于"内科学""外科学""诊断学"课程"腹痛的鉴别诊断"内容的教学,教师可组织学生讨论:医生是如何逐步得出诊断结论的?

(隆娟 郭昆全)

4 妇科案例:输卵管妊娠

【案例呈现】

一、病历资料

1. 现病史

患者,女性,39岁,因月经淋漓不净8天,伴头晕3 h入院。患者自诉8天前开始有阴道出血,量少暗红,淋漓不净,3 h前突发头晕目眩,遂来急诊就诊。患者未婚,有男友,已有性生活。发病以来,患者食欲、睡眠、大小便均正常,体重无明显变化。

2. 既往史

患者无外伤手术史,无高血压、心脏病、糖尿病等慢性疾病史。患者的末次月经(LMP)为2015年5月2日,经量如常,MC 15,5/30天,量中、无痛经,平素工具避孕。生育史:1-0-2-1,2次人工流产,顺产1女,现已10岁。

3. 体格检查

患者神清,Ht为163 cm,Wt为58 kg,BP为100 mmHg/60 mmHg,HR为90次/min。患者应答如流,但情绪较为淡漠,口唇稍苍白,全腹软,左下腹轻压痛,无反跳痛,移动性浊音(一)。

4. 妇科检查(双合诊)

外阴:已婚式,阴毛分布呈女性型。

阴道:通畅,内见暗红色积血。

宫颈:光,宫颈举痛(+)。

宫体:前位,正常大小,压痛(±)。

附件:左附件区压痛(+),右附件区压痛(一)。

5. 实验室和影像学检查

妊娠试验(+)。

血常规检查:Hb为90 g/L。

盆腔B型超声检查。子宫前位:大小为45 mm×55 mm×50 mm,内膜厚为5 mm。右卵巢:大小为28 mm×26 mm×18 mm。左卵巢:大小为30 mm×26 mm×15 mm,其旁见混合性回声,大小为35 mm×30 mm×32 mm。盆腔积液:深为30 mm。超声诊断:左附件区混合性占位,性质待查,后穹隆积液。后穹隆穿刺:5 mL 不凝血。

二、诊治经过

(1)入院后初步诊断:腹腔内出血,异位妊娠可能,轻度贫血。

(2)入院后予以急诊完善手术前常规检查,如血常规、肝肾功能电解质、出凝血指标、心电图;与家属谈话沟通告知目前病情;开放静脉补液,急诊行腹腔镜下探查术。

术中见盆腔积血约 600 mL,探查子宫、右侧附件、左侧卵巢外观未见明显异常,左侧输卵管壶腹部增粗,呈紫红色,伞端有血块附着,未见破口。医生术中再次与家属谈话沟通后,行腹腔镜下左侧输卵管切除术,标本放入标本袋后自 trocar 中取出,标本剖视内见绒毛样组织,术后标本送病理检查,检查证实左侧输卵管妊娠。

术后给予抗炎补液对症治疗,监测血 HCG 变化情况,术后第 3 天出院,门诊随访血 HCG 至正常。

三、病例分析

1. 病史特点

病史特点见病历资料。

2. 诊断与诊断依据

(1)诊断:①腹腔内出血,异位妊娠可能;②继发贫血(轻度)。

(2)诊断依据:①阴道出血淋漓不净;②有停经史;③HCG 阳性;④妇科 B 超检查结果;⑤后穹隆穿刺(＋)。

3. 鉴别诊断

(1)早期妊娠先兆流产:先兆流产患者子宫大小与妊娠月份基本相符,有停经史,阴道少量出血,可伴有轻微腹痛,无腹腔内出血表现,常结合 B 超检查进行鉴别。

(2)卵巢黄体破裂出血:黄体破裂多发生在黄体期或月经期,有时也较难与异位妊娠区别,但无明显停经史,阴道有不规则出血的患者,常需结合妊娠试验进行鉴别。

(3)卵巢囊肿蒂扭转:卵巢囊肿蒂扭转患者月经正常,无停经史和腹腔内出血征象,一般有附件包块病史,囊肿蒂部有明显压痛;经妇科检查结合妊娠试验以及 B 超检查即可明确诊断。

(4)卵巢巧克力囊肿破裂出血:卵巢巧克力囊肿破裂患者有子宫内膜异位症病史,经常发生在经前或经期,疼痛比较剧烈,可伴有明显的肛门坠胀;经阴道后穹隆穿刺抽出巧克力样液体可确诊,若破裂处伤及血管,可出现内出血征象;没有停经史,经过妊娠试验和超声检查可以鉴别。

(5)急性盆腔炎:急性或亚急性炎症时,一般无停经史,腹部常伴发热,血象、血沉多升高,B超检查可探及附件包块或盆腔积液,妊娠试验可协助诊断,尤其是抗感染治疗后,腹痛、发热等炎症表现可逐渐减轻或消失。

(6)外科情况:急性阑尾炎患者,常有明显转移性右下腹疼痛,多伴发热、恶心呕吐、血象增高;输尿管结石患者,下腹一侧疼痛常呈绞痛,伴同侧腰痛,常有血尿;妊娠试验结合B超和X线检查可以确诊。

四、处理方案及依据

(1)治疗方案:开放静脉、术前准备、手术探查——腹腔镜探查术;准备患侧输卵管切除术,以补血药物纠正贫血。

(2)依据:患者有停经和不规则出血的病史,宫颈举痛明显,后穹隆穿刺(＋)结合妊娠试验(＋)和超声检查结果,目前异位妊娠可能性大,腹腔内出血诊断也明确,建议手术治疗。

五、讨论

1. 输卵管妊娠的病因

输卵管炎症、输卵管手术、输卵管发育不良或功能异常、受精卵游走、辅助生育技术等均与异位妊娠的发病有关。

2. 异位妊娠的临床表现

(1)停经:除输卵管间质部妊娠停经时间较长外,多有6～8周停经。有20%～30%的患者无明显停经史,或月经仅过期两三日。

(2)阴道出血:胚胎死亡后,常有不规则阴道出血,色暗红,量少,一般不超过月经量。少数患者阴道流血量较多,类似月经,阴道流血可伴有蜕膜碎片排出。

(3)晕厥与休克:由于腹腔急性内出血及剧烈腹痛,轻者出现晕厥,严重者出现失血性休克。出血越多、越快,症状出现也越迅速、越严重,但与阴道流血量不成正比。

3. 异位妊娠的诊断思路

(1)阴道淋漓不净出血。

(2)腹痛伴停经史。

(3)HCG阳性。

(4)妇科B超检查提示。

(5)后穹隆穿刺(＋)。

(6)诊断性刮宫:获取子宫内膜进行病理检查。但异位妊娠的子宫内膜变化并无特征性,可表现为蜕膜组织、高度分泌相伴或不伴 A-S 反应、分泌相及增生相多种。子宫内膜变化与患者有无阴道流血及阴道流血时间长短有关,因此,单靠诊断性刮宫对异位妊娠进行诊断有很大局限性。

4. 输卵管妊娠的治疗要点

期待疗法、药物治疗、手术治疗。

【素材出处】

华克勤:《住院医师规范化培训妇产科示范案例》,上海交通大学出版社,2016年版:16-20。(有删减)

【案例点评】

本例中,患者为育龄女性,有性生活,月经淋漓不尽伴头晕,有停经史,医生首先考虑输卵管妊娠的可能性。在建立"患者有输卵管妊娠可能"的假设之后,医生通过一系列的手段进行验证:体格检查发现患者左下腹压痛,尿妊娠试验阳性,B超显示左附件区混合型占位,后穹隆积液,穿刺发现不凝血,血常规显示血红蛋白低。这些都符合异位妊娠的特点,且患者很可能腹腔有大量出血。医生由此得出结论:患者腹腔出血,输卵管妊娠(可能),且已引起失血性贫血。术中见盆腔积血约 600 mL,左输卵管壶腹部增粗,伞端有血块附着,术后标本的病理检查证实左侧输卵管妊娠,证明医生的诊断假设是正确的。

患者的情况非常危急,如果处理不及时,会因失血过多而休克,甚至危及生命,因此入院后急诊行腹腔镜下探查术,体现了临床思维的动态性、整体性。医生在手术前和手术中先后两次与家属谈话沟通,说明医务人员充分尊重患者及家属的知情同意权,是依法行医的表现。

【教学建议】

本素材可用于"妇产科学"课程"输卵管妊娠"内容的教学,也可用于"诊断学"课程"休克、腹痛"内容的教学,教师给出病历,学生诊断,教师点评,再由学生分组做诊断流程图。

(隆娟 曹梅)

5　儿科案例：支气管肺炎

【案例呈现】

一、病历资料

1. 病史采集

患儿,男,8岁,因发热 10 d、咳嗽 8 d、活动后气促 2 d 入院。患儿入院前 10 d 开始出现发热,体温波动,为 38~40 ℃,8 d 前咳嗽,呈刺激性干咳。病程第 3 天外院查血常规:WBC 为 8.9×10^9/L,RBC 为 3.78×10^{12}/L,Hb 为 112g/L,PLT 为 230×10^9/L,N 为 78%,LY 为 70%。胸部 X 线片:肺部感染。诊断为"支气管肺炎",给予头孢呋辛及炎琥宁抗感染治疗 5 d,症状无好转。再次查血常规:WBC 为 16.26×10^9/L,RBC 为 3.88×10^{12}/L,Hb 为 108g/L,PLT 为 254×10^9/L,N 为 84%,LY 为 13%。肺部 CT 检查:双上肺炎散在结节状密度增高影,右肺中叶及双下肺叶炎症,双侧肺少量胸腔积液。胸腔积液常规:黄色,李凡他试验阳性,细胞总数为 7.53×10^9/L,WBC 为 6.35×10^9/L,见大量脓细胞,未见异型细胞。诊断为"支气管肺炎并胸腔积液、败血症",改用头孢曲松联合阿奇霉素抗感染 2 d,体温无下降,且开始出现活动后气促,遂转诊入院治疗。起病以来,患儿精神和食纳好,大小便正常。

既往史:既往身体健康。家族史:无特殊。

2. 体格检查

入院检查:T 为 37 ℃,P 为 102 次/min,R 为 36 次/min,BP 为 100 mmHg/70 mmHg,Wt 为 30 kg,$SatO_2$% 为 90%,神志清楚,精神反应尚可,全身皮肤黏膜未见皮疹,浅表淋巴结不大,无鼻翼煽动,口唇无发绀,气管居中,喜坐位,呼吸偏深,可见轻度吸气性肋下凹,双肺呼吸运动对称,右下肺触觉语颤减低,叩诊呈浊音,听诊双下肺呼吸音偏低,可及中粗湿性啰音少许;心脏检查未见异常;腹隆软,肝、脾肋下未扪及;脊柱形状正常;四肢肌力、肌张力正常,神经系统检查无异常阳性体征。

3. 实验室检查

(1)血检。

血常规:WBC 为 16.2×10^9/L,RBC 为 2.60×10^{12}/L,Hb 为 115 g/L,PLT 为 265×10^9/L,N 为 82%,LY 为 17%。

尿、大便常规正常。血生化:血清电解质、二氧化碳结合力、阴离子间隙均正常。

肝功能:ALT 为 64 IU/L,AST 为 53 IU/L,TP 为 53.2 g/L,ALB 为 40.1 g/L。

血气分析正常;红细胞沉降率(血沉,ESR)为 75 mm/h;CPR 为 72 mg/L。

免疫球蛋白组套:IgM 为 2.24 g/L,IgE 为 57.65 IU/mL,IgA 为 0.77 g/L,IgG 为 9.36 g/L。

血清支原体抗体:IgM1 为 160。血培养:(—)。

(2)胸腔 B 超检查:右侧肩胛线第 7 肋以下胸腔内探及前后径 10~12 mm 液暗区,左侧肩胛线第 7 肋以下胸腔内探及前后径 5~10 mm 液暗区,内可透声。

(3)心电图检查:窦性节律。

(4)X 片检查:如图 3-4 所示。

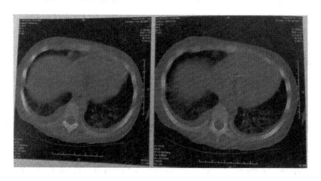

图 3-4　X 片检查

二、诊治经过

(1)初步诊断:重症肺炎支原体肺炎。

(2)治疗经过:对患儿进行阿奇霉素和头孢曲松抗感染 5 d,甲泼尼龙(甲基强的松龙)治疗 3 d,雾化、翻身拍背等对症治疗。住院第 3 天,患儿低温逐渐下降至正常,复查 C 反应蛋白正常,胸部 X 线检查显示,左侧胸腔积液吸收,左肺膨胀全无,住院 1 周出院。

出院后用药:口服阿奇霉素,盐酸氨溴索(沐舒坦)。1 周后门诊复诊随访。

三、病例分析

1.病史特点

病史特点见病历资料。

2.诊断及诊断依据

诊断:重症肺炎支原体肺炎(severe mycoplasma pneumoniae pneumonia,

SMPP)。

诊断依据:患儿表现为急性呼吸道感染症状,持续发热 10 d 伴咳嗽,并出现活动后气促。体格检查:喜坐位,呼吸偏快,达 36 次/min,右下肺触觉语颤减低,叩诊呈浊音,听诊双肺未闻及干湿性啰音;胸片 CT 扫描显示,双肺炎症伴双下肺少量胸腔积液。

患儿临床表现为典型的社区获得性肺炎(community acquired pneumonia, CAP),根据年龄能很好地预示儿童 CAP 可能病原。在年幼儿患者中,约 50% CAP 由病毒引起,在年长儿患者中,CAP 常由细菌、肺炎支原体感染所致。该患儿为学龄期儿童,根据实验室炎症指标,白细胞总数及中性粒细胞百分数、ESR、C 反应蛋白明显升高;胸腔积液检测提示炎症感染;病原学检测中,支原体 IgM1 为 160;符合支原体肺炎病原学诊断。

患儿为学龄期儿童,为肺炎支原体肺炎的好发年龄,在起病初,常规抗感染治疗无效,病情仍进展,双肺见广泛性炎症性改变伴少量胸腔积液,且出现活动后气促,静息状态下呼吸频率>30 次/min,血生化指标提示存在轻度肝功能受损,符合重症肺炎支原体肺炎的诊断。

3. 鉴别诊断

急性支气管炎:以咳嗽为主,伴有发热或无热,肺部听诊呼吸音粗糙或为不固定干湿啰音,不易与肺炎区别,应按肺炎处理。

肺结核:有发热、咳嗽等症状,应结合结核病接触史,结合中毒症状、结核菌素试验、X 线胸片检查等进行鉴别。

支气管异物:吸入引起支气管部分或完全阻塞而导致肺气肿或肺不张,容易继发感染,引起肺感染;早期常无发热,可根据异物吸入史、突发咳呛及影像学检查进行鉴别,必要时须行纤维支气管镜检查。

四、处理方案及原则

(1)一般处理:保持室内空气新鲜,并保持适当的室温(18~20 ℃)和相对湿度(60%左右);保持呼吸道通畅,半卧位,利于排痰;供给充足水分,宜给热量充足、含有较多维生素并易于消化吸收的食物,少量多餐。

(2)病因治疗:考虑细菌感染或肺炎支原体(MP)感染,联合使用阿奇霉素+头孢曲松治疗 5~7 d,病情稳定后维持期治疗选用阿奇霉素抗感染治疗,总疗程 3~4 周。

(3)糖皮质激素治疗:患儿短期内有大量胸腔积液,肺炎高热持续不退伴过强炎症反应,可考虑短期激素治疗,选用甲泼尼龙(甲基强的松龙)1~2 mg/(kg·d)。

(4)对症及支持疗法:患儿无明显缺氧症状,无须氧疗;根据进食情况酌情补液支持,保证足够液体量的摄入,以免痰液黏稠;口服或静脉应用祛痰药,或雾化吸入药物促进排痰。

五、讨论

社区获得性肺炎(CAP)是儿童尤其是婴幼儿常见的感染性疾病,是儿童住院的最常见原因。肺炎的诊疗主要有以下几个环节。

(1)详细询问患儿出现发热、咳嗽、喘鸣、呼吸增快、呼吸困难等症状的时间、程度、持续时间或发生次数等。

(2)体格检查的所有临床征象中,呼吸增快对肺炎的患儿有较高的敏感度与特异性,呼吸越快越容易出现低氧血症;呼吸困难对肺炎的提示意义比呼吸增快更大;胸壁吸气性凹陷不仅提示肺炎,还提示病情严重。严重度的评估最主要的指征为低氧血症,及肺内、肺外并发症。

(3)对于初始抗菌药物治疗失败,需要判断是否存在肺炎并发症或病情加重的患儿,应及时做胸片检查,必要时进行胸部 CT 等检查,以全面评估病情。

(4)对于肺炎住院患儿,医生需积极寻找病原体:常规进行血培养、痰涂片染色与细菌培养;拟诊病毒性 CAP 应常规检测流感病毒和其他常见呼吸道病毒;临床怀疑 MP 感染者应进行 MP 检测;有胸腔积液者应尽可能进行胸腔积液图片染色与细菌培养;非特异性的炎症指标难以区分细菌及非细菌病原时,需结合临床病史及其他微生物学检查进行综合判断。对于病情较重的患儿,医生应检测动脉血氧饱和度或行血气分析、肝肾功能和电解质检测。

(5)根据病情评估及病原体,决定治疗方案,包括氧疗、液体疗法、糖皮质激素和抗菌药物的使用。

(6)做好患者的随访和管理。

【素材出处】

黄国英:《住院医师规范化培训儿科示范案例》,上海交通大学出版社,2016年版:201-204。(有删减)

【案例点评】

本例中,患者为学龄儿童,处于肺炎支原体肺炎好发年龄,持续发热 10 天伴咳嗽,并出现活动后气促,前期诊断为支气管肺炎,但抗感染治疗效果不明显。医生根据以上特点排除一般的细菌性感染的可能,更多考虑支原体肺炎等疾病的可能。做出诊断假设后,医生通过一系列手段进行验证:体征及胸片检查显示,临床肺炎明显,白细胞总数及中性粒细胞百分数、ESR、C反应蛋白明显升高;胸腔积液检测提示炎症感染。这些都符合肺炎的特点,特别是血液支原体抗体检测显示,IgM1 为 160。医生根据以上结果进一步明确了诊断结果:引起该患儿肺炎的原因是肺炎支原体感染。针对肺炎支原体感染的一系列治疗有效,患儿各项指标逐渐恢复正常,也证明了医生诊断的正确性。

【教学建议】

本素材可用于"儿科学"课程"呼吸系统疾病"内容的教学,也可用于"诊断学"课程"呼吸系统感染疾病的症状"内容的教学。

(隆娟　罗强)

6 内科急诊案例:急性亚硝酸盐中毒

【案例呈现】

一、病历资料

1. 现病史

患者,男性,33 岁,因全身发绀伴头晕乏力 8 h 到××医院急诊科就诊。2014 年 8 月 2 日上午 8 时,患者进食"番茄笋干肉丝面"0.5 h 后出现头晕,伴全身乏力,无头痛,无胸痛、胸闷,无恶心、呕吐,无腹痛、腹泻。当时自测血压为 70 mmHg/40 mmHg。约 1 h 后,患者出现烦躁伴胡言乱语,无四肢抽搐、口吐白沫,遂至当地中心医院就诊。查体见口唇、四肢末端青紫色,指尖血氧饱和度明显偏低(SpO_2 为 80%)。当地医院考虑"急性肺栓塞"的可能,予吸氧、肝素抗凝等对症治疗(肝素具体用量不详),患者症状未见明显好转,于当日下午 2 时转至××医院急诊科就诊。

患者自发病以来,精神萎,食欲缺乏,大小便正常,体重无明显变化。

2. 既往史

患者 20 年前于当地医院行阑尾切除术;否认高血压、糖尿病及心脏病史;否认药物及食物过敏史。

3. 体格检查

T 为 36.9 ℃,HR 为 130 次/min,BP 为 90 mmHg/60 mmHg,SpO_2 为 87%(面罩吸氧 8 L/min)。患者神清,全身发绀明显,呼吸急促;双侧瞳孔等大等圆、对光反射灵敏;颈软,双肺叩诊音清,听诊呼吸音清,未闻及明显的干湿啰音;心前区无隆起,心界不大,HR 为 130 次/min,律齐,未及明显的杂音;腹部平软,肝脾肋下未及,肝肾区无叩击痛,肠鸣音 3 次/min;四肢、脊柱无畸形,活动自如,神经系统检查结果为(—)。

4. 实验室和影像学检查

血常规:WBC 为 12.73×10^9/L,N 为 11.8×10^9/L,RBC 为 4.45×10^{12}/L,Hb 为 135 g/L,PLT 为 198×10^9/L。尿常规:黄色,清,比重为 1.005,pH 为 8.0,红细胞为阴性,白细胞为阴性,亚硝酸盐为阴性,蛋白为阴性,葡萄糖为(+),酮体为阴性。粪常规:正常。血液生化:ALT/AST 为 22/38 IU/L,TB 为 13.3 μmol/L,BUN 为 5.2 mmol/L,Scr 为 81 μmol/L,UA 为 355 μmol/L;血糖为 5.4 mmol/L,Na^+ 为 143 mmol/L,K^+ 为

3.8 mmol/L，Cl⁻ 为 107 mmol/L，CO_2CP 为 27 mmol/L，AG 为 9 mmol/L；CTnT 为 0.034 ng/mL，CK 为 182 IU/L，NT-proBNP 为 130.7 pg/mL。D-二聚体 为 0.36 mg/L。血气分析(吸氧 8 L/min)：pH 为 7.42，$PaCO_2$ 为 40.0 mmHg，PaO_2 为 333.0 mmHg，BE 为 1.40 mmol/L，HCO_3^- 为 25.50 mmol/L。亚硝酸根离子检测(上海市司法鉴定中心)：血液和尿液中质量浓度分别为 0.3 μg/mL、311.9 μg/mL。

心电图检查：窦性心律；ST 段改变；Q-T 间期延长。心超：静息状态下超声心动图未见异常，左室射血分数(LVEF)为 63%。肺动脉 CTA：未见明显异常。

二、诊治经过

初步诊断：发绀待查，急性亚硝酸盐中毒可能。

诊治经过：入院后立即给予吸氧，洗胃(约 15 000 mL)、亚甲蓝(120 mg)、维生素 C、还原性谷胱甘肽、奥美拉唑等药物对症治疗。静脉注射亚甲蓝 30 min 后，患者全身发绀及头晕症状明显好转，SpO_2 逐渐恢复至正常范围。3 天后患者症状明显好转，病情稳定，痊愈出院。

三、病例分析

1. 病史特点

病史特点见病历资料。

2. 诊断及诊断依据

诊断：急性亚硝酸盐中毒。

诊断依据：①患者有明确的进食腌制食物后发病的历史；②SpO_2 明显偏低，而血气分析发现 SaO_2、PaO_2 高于正常范围；③应用解毒剂亚甲蓝治疗后全身发绀症状明显好转；④毒物检测血、尿标本中见亚硝酸盐离子，且浓度明显高于正常值。以上依据支持急性亚硝酸盐中毒的诊断。

四、处理方案及理由

(1) 洗胃：患者为消化道来源的急性食物中毒，且服用时间不长，给予充分洗胃治疗，减少毒物的进一步吸收。

(2) 解毒：考虑急性亚硝酸盐中毒，予特效解毒剂亚甲蓝(120 mg 常用剂量 1～2 mg/kg)解毒，并给予维生素 C、还原型谷胱甘肽等抗氧化治疗。

(3) 吸氧：患者有明显的发绀、烦躁等缺氧表现，入院后立即给予吸氧治疗。

(4) 奥美拉唑防止出现急性胃黏膜损伤。

五、讨论

亚硝酸盐中毒是亚硝基化合物中毒的总称,又称为肠源性发绀。亚硝酸盐为工业盐,味咸,外观与食用盐、白糖相似,易误食引起中毒,一般摄入 0.3~0.5 克即可引起中毒,摄入 3 克致死。食源性中毒者,以食用熟肉、腌菜等食品多见。临床上最常见的亚硝酸盐中毒是亚硝酸钠中毒,此物可使人体血液中的低铁血红蛋白转化成高铁血红蛋白(失去运输氧的能力),从而引起组织缺氧性损害。婴幼儿进食亚硝酸盐含量偏高的食物,导致血液携带氧的能力下降,全身皮肤发紫,称为"蓝婴综合征"。值得注意的是,亚硝酸盐中毒后,血液中亚硝酸盐浓度低,不易检测;胃液或尿液中残留量更多,更易检测。

急性亚硝酸盐中毒依据发绀和其他临床表现分为轻、中、重三型。轻型除发绀外,表现为心慌、头痛、恶心、呕吐、腹胀、腹痛;中型除轻型的表现外,呼吸困难、血压轻度下降;重型除以上表现外,伴有神志改变,包括抽搐、昏迷。本例中,患者发病之初,有烦躁、胡言乱语等意识改变,为重型急性亚硝酸盐中毒。该患者既往无慢性病史,突发气促、发绀,有食用腌制食品病史。实验室检查发现,血气中的血氧饱和度与指尖血氧饱和度不相符。心超及肺动脉 CTA 检查均为阴性,排除心脏及肺部疾病导致的发绀。血尿毒物检查呈阳性,且应用特异性的解毒剂亚甲蓝治疗后症状明显好转,符合亚硝酸盐中毒的特征。

急性中毒的治疗原则:①及时脱离毒物环境,减少毒物的吸收,增加毒物的排泄,如果患者中毒时间较短,则应及时为其洗胃和(或)导泻;②应用特异性的解毒药物,亚甲蓝是亚硝酸盐中毒的特效解毒剂;③吸氧、静脉补液等对症支持治疗。

【素材出处】

王吉耀:《住院医师规范化培训内科示范案例》,上海交通大学出版社,2016年版:473-475。(有删减)

【案例点评】

本病例除了体现"假设-推理演绎"这个临床思维模式外,还体现了急诊临床思维的特点:强调治疗的紧迫性。根据患者全身发绀、烦躁的症状,医生初步诊断为急性亚硝酸盐中毒,入院后立即给予吸氧治疗,并进行洗胃治疗,减少毒物的进一步吸收;再予以亚甲蓝解毒、还原性谷胱甘肽、奥美拉唑等药物对症治疗。急诊医学诊断和救治如果不及时,可能会导致患者的死亡,因此鉴别时应按照危重程度顺序排查,从危及生命的疾病到一般性疾病,从进展迅速的疾病到进展缓慢的疾病,从器质性病变到功能性病变,这就是"降阶梯思维"。

急性亚硝酸盐中毒与急性肺栓塞都有"发绀"这个症状,但二者在病因、临床表现、实验室和影像学检查等方面都有不同,因此,在诊断之前要仔细分析,考虑到疾病的共性与个性、异常表现的主次。患者所在地医院根据"发绀、头晕、乏力"的症状和指尖血氧饱和度偏低的情况即做出"急性肺栓塞"的诊断假设,未考虑患者为年轻男性、无慢性病史,特别是未了解患者之前有进食腌制食品的情况,医务人员辩证思维能力不足导致误诊。转入的医院经实验室检查发现,患者血气中的血氧饱和度与指尖血氧饱和度不符,心超及肺动脉 CTA 检查结果均为阴性,据此排除了心脏及肺部疾病导致的发绀,否定了之前"急性肺栓塞"的诊断结论,在此过程中批判性思维发挥了重要作用。

亚硝酸盐中毒后,血液中的亚硝酸盐浓度低,不易检测;胃液或尿液中的残留量更多,更易检测。这体现了此类患者病因与临床表现之间联系的特殊性,要根据这个特殊性进行有针对性的检测,才能有效避免误诊。医生在做出"急性亚硝酸盐中毒"的初步诊断以后,立即予以患者吸氧、洗胃和解毒治疗,是因为毒物对患者生命构成了严重危害,缓解、解除这种危害,是需要首先解决的主要矛盾。

【教学建议】

本素材可用于"诊断学"或"急救医学"课程"紫绀或昏迷的病因诊断"内容的教学。教师给出患者病情信息,由学生讨论、做出诊断,再由教师点评并总结急诊科诊断思维的特点。

(隆娟　郭昆全)

7 内科漏诊案例:食管癌漏诊

【案例呈现】

1. 病例

患者,女性,62岁,因胸骨后不适2年余到医院就诊。患者因胸骨后闷胀不适,分别于2年前和1年前在当地县医院行胃镜检查,均未发现明显异常,自行服用中草药治疗,症状反复发作;3个月前症状加重伴有进食不畅感,到医院行胃镜检查,发现食管下段有隆起性改变,未进行特殊诊治,医生建议患者到三级甲等医院进一步诊治。患者遂根据建议到上海某三级甲等医院进行检查。

胃镜检查:距离门齿33~36 cm处食管后壁可见一较大黏膜下隆起,黏膜表面光滑。窄带成像(NBI)内镜下未见明显异常,局部管腔狭窄,胃镜可通过。超声胃镜检查:食管下段近贲门处有一低回声占位,局部管壁层次消失,病灶大小约5.0 cm×5.5 cm,包绕主动脉。CT:食管下段及贲门壁肿块,纵隔及腹腔多发淋巴结肿大及肝脏转移(见图3-5)。根据内镜检查结果,医生认为病变主要位于黏膜下。为进一步明确诊断,予黏膜切开活检,切开时发现黏膜层与肿物有可见分界,局部粘连不明显,病理诊断为鳞状细胞癌(见图3-6)。

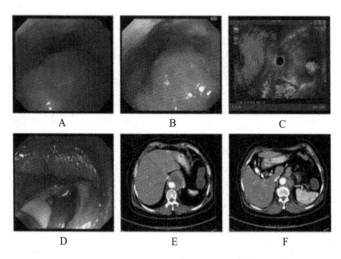

图3-5 内镜及CT检查

A:白光内镜检查;B:NBI内镜检查;C:超声内镜检查;D黏膜切口活检;
E:胸部CT发现食管下段肿物,伴肝脏强化结节;F:CT发现主动脉旁肿大淋巴结

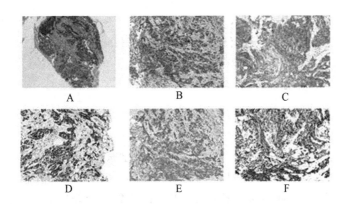

图 3-6 病理检查及免疫组化检查
A:HE 染色低倍视野;B:HE 染色高倍视野;C、D、E:分别显示 CD5/6、P63、P40 的免疫组化染色结果为阳性;F:免疫组化染色显示 Ki67 阳性率约为 50%

2. 讨论

食管癌是起源于食管上皮层的恶性肿瘤,内镜检查可直接观察到食管黏膜上皮的变化,因此被认为是早期发现食管癌的最重要手段。目前针对早期食管癌的主要内镜检查手段包括三种。

(1)白光内镜检查。早期食管癌可出现黏膜颜色及形态的变化,如出现红区、糜烂、斑块、结节、黏膜粗糙等。

(2)色素内镜检查。色素内镜检查最常用的是碘染色,食管癌上皮细胞内糖原含量减少或消失影响细胞与碘的结合,碘染色时出现黏膜的淡染或不染。对有食管癌家族遗传病史、高危因素,年龄大于 40 岁或疑诊为食管癌的患者,推荐进行内镜下碘染色及指示性活检。

(3)电子染色内镜检查。电子染色内镜检查能更清楚地观察食管黏膜表面结构及其血管分布,有助于诊断 Barrett 食管、早期食管腺癌和早期食管鳞癌。

然而,以上各种内镜检查对早期食管癌诊断的准确性,均基于一个病理学基础,即食管黏膜上皮层的破坏,其破坏程度常与内镜下病变的严重度呈正相关,也与食管癌的生长方式密切相关。食管癌的主要生长方式有三种,如图 3-7 所示。

(1)表浅扩展生长式为主型,主要限于表皮内或浅层生长扩展。

(2)外向性生长方式为主型,在表皮内癌的基础上,癌组织伴随固有膜向表面生长形成乳头。

(3)内向性生长方式为主型,在表皮内癌的基础上,癌组织突破基底膜向下浸润性生长。

白光内镜检查发现,该患者食管黏膜表面光滑,NBI 内镜下未见上皮乳头内毛细血管袢(IPCL)破坏,上皮层并未出现明显破坏的征象,可能为黏膜下病变。

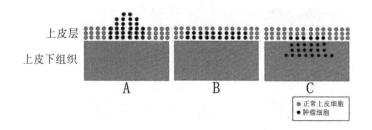

图 3-7　食管癌主要生长方式示意图
A:外向性生长;B:表浅扩展生长;C:内向性生长

行超声内镜引导下细针穿刺活检(EUS-FNA)及黏膜切开后的深活检,医生根据病理检查结果诊断为鳞状细胞癌。患者黏膜上皮层未明显破坏,病变主要位于上皮下,结合内镜下表现及病理检查结果,可确定食管癌的主要生长为内向性生长方式为主型。该患者在就诊过程中,曾多次进行胃镜检查,均未发现食管黏膜明显异常,但没有进行超声内镜(EUS)及 CT 检查,因此未能较早发现上皮下的病变,当出现明显食管压迫症状时,肿物已浸润到重要血管并发生远处转移,患者已处于疾病晚期。

为提高对早期食管癌的诊断水平,临床工作中应注意以下几点。

(1)重视患者的临床症状,如胸骨后不适、进食滞留感、吞咽不适、消瘦等。

(2)注意观察患者症状的变化,如对症治疗一段时间后症状未改善,应考虑进行进一步的检查。

(3)行胃镜检查时,不仅要关注黏膜表面微结构及微血管的变化,而且要注意观察食管壁的隆起及食管蠕动情况。

(4)采用其他食管癌检查手段进行检查。如上消化道造影,可显示食管蠕动的异常,发现食管壁病变;EUS 及 CT 检查可显示食管壁的层次、厚度及壁外情况,是发现内向性生长食管癌及判断其浸润深度的关键;正电子发射计算机断层显像 CT(PET-CT)检查可发现代谢异常的肿瘤组织。

此外,临床医生还要具备早期诊断食管癌的意识,熟悉食管癌的各种生长方式及相应临床表现,才能减少漏诊的发生。

【素材出处】

张国祥,吴建华:《食管癌 1 例漏诊分析》,载《内科》,2019,2:251-253。

【案例点评】

本例中,患者在就诊过程中多次进行胃镜检查,但未进行超声内镜及 CT 检查,未能及早发现上皮下的病变。该患者食管癌为内向性生长方式为主型,在临床上分期最晚；此类食管癌早期症状不明显，难以发现，这是漏诊发生的重要原因。

医学的不确定性贯穿临床诊疗的始终，同为食管癌，但可以表现为不同的生长方式；同时，诊疗的任何环节（如患者的表述、医生的知识结构和经验、各项检查的完成质量、医生对检测或检查结果的判读、临床证据的选择和理解）都可能影响诊断结果，导致误诊、漏诊。因此，医生不仅要熟悉食管癌的各种生长方式及临床表现，还要用全面的、发展的眼光看问题：做胃镜检查时，不仅要关注黏膜表面的微结构以及微血管的变化，而且要注意食管壁的隆起及蠕动；在诊断时不仅要参考辅助检查结果，还要重视患者的临床症状，尤其是一些报警症状，如胸骨后不适、进食不畅等；疾病不是静止的，而是变化着的，现阶段没有呈现的表现不一定今后不发生，在患者有相关症状、而胃镜检查没有发现病变时，要考虑到疾病可能存在的最严重的情况，做出早期诊断、增强预见性。

【教学建议】

本素材可用于"内科学"课程消化系统疾病以及"外科学"课程胃肠外科疾病部分的"内镜诊断"内容的教学。教师给出病例，组织学生讨论：为什么医生会发生漏诊？如何有效避免？

（隆娟　郭昆全）

8 外科误诊案例：囊性肾癌误诊为肾囊肿

【案例呈现】

1. 病例

患者,男性,64岁,因左侧腰腹部胀满不适1周于2019年2月18日入院。患者身体消瘦,近10年来体重无明显变化。既往体检发现左肾囊肿10余年,B超提示囊肿逐年增大。患者入院时生命体征平稳,心脏及肺部查体未见异常;左侧上腹部可触及拳头大小的包块,无明显压痛,其余查体未见明显异常。患者入院后查B超提示左肾囊肿,最大直径约11 cm;后行计算机断层扫描(computed tomography,CT)显示,左肾上腺囊肿(见图3-8A、图3-8B);各项化验检查未见异常。诊断:肾囊肿。患者及家属要求穿刺治疗,遂在B超引导下行肾囊肿穿刺抽液+无水乙醇注射治疗,抽出囊液约800 mL,囊液开始呈琥珀色,后来,穿刺液呈暗红色。囊液病理报告:未查见瘤细胞,生化结果符合囊液表现。

患者术后第3、5、7天复查B超提示囊肿逐渐增大,于1个月后在外院再次进行穿刺、无水乙醇注射治疗,并留置F14引流管,穿刺液病理未查见肿瘤细胞。穿刺3周后复查B超,囊肿萎缩,遂拔管。拔管2周后,B超检查提示囊肿再次增大,复查增强CT提示囊壁较前明显增厚(见图3-8C),医生建议患者住院并行开放手术探查,术中见左肾周围粘连明显,充分暴露肾脏后,见肾上腺囊性包块,其囊性包块基底部呈实性,考虑肾肿瘤,行肾部分切除术,术后剖开囊肿,囊内多房形成,囊肿下方可见实性包块(见图3-8D)。术后病理诊断:左肾透明细胞型肾细胞癌(ISUP Ⅱ级),未侵及肾背膜。术后随访1年余,患者情况稳定,未见复发。

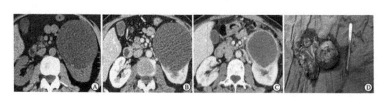

图3-8 左肾上腺囊肿CT图像及肾部分切除标本
A:第1次穿刺前平扫CT;B:第1次穿刺前增强CT;
C:第2次穿刺引渡拔管后增强CT;D:肾部分切除标本

2. 讨论

囊性肾癌是一种临床较少见的肾癌类型,难与复杂良性囊肿、肾癌囊性变等区别,易被误诊。有文献报道将囊性肾癌分为单房囊性肾癌、多房囊性肾癌、肾癌囊性变及单房性肾囊肿附壁癌结节 4 种类型,但 2004 版 WHO 肾肿瘤分类将多房囊性肾癌划为肾细胞癌的一个独立类型,未再提及囊性肾癌的概念。2016 年,WHO/ISUP 最新病理分型将多房囊性肾癌更名为低度恶性潜能多房性囊肿瘤,其形态学诊断标准为肿瘤完全多房性囊性,内衬单层肿瘤细胞(偶见复层),细胞核 WHO/ISUP1 级或 2 级;由于该型肿瘤通常为低分级分期,肾部分切除术可作为治疗首选方案。

囊性肾癌形成原因:①单纯肾囊肿癌变,肿瘤起源于囊肿上皮细胞,呈不规则状生长;②肾癌组织生长过快但血供不足,导致坏死而形成囊性改变,即肾癌囊性变,囊壁较厚且不均匀;③肿瘤呈囊肿样生长,形成多发但互不相通的囊腔,表现为多房性肿物,囊壁或间隔内可见小灶状癌细胞。

本例中,患者既往体检 B 超发现左肾囊肿 10 年,因自觉左侧腰腹部胀满不适就诊,医生结合 B 超、CT 等检查考虑为单纯性囊肿,故给予穿刺抽液＋无水乙醇注射治疗;术后很快复发,不排除穿刺后囊内新出血或囊肿大、无水乙醇固化效果不佳的可能,故医生建议患者再次穿刺并留置引流管。拔管后囊肿再次增大,复查 CT 提示囊壁变厚,符合 BosniakⅢ级表现,且局部囊壁增厚明显,意识到肿瘤可能性大,医生建议患者开放手术探查,行左肾部分切除术,术后确诊为肾透明细胞癌。

单纯肾囊肿通常采用各种途径的手术,去顶减压术或穿刺引流＋硬化剂注射治疗,目前已广泛在各级医院应用,通常都能获取较好的治疗效果。

【素材出处】

乔少谊、陈兴发:《囊性肾癌误诊肾囊肿 1 例报告》,载《现代泌尿外科杂志》,2021,5:448,450。(有改动)

【案例点评】

本例中,误诊的一个重要原因是囊性肾癌在临床上比较少见,难以与复杂良性囊肿、肾癌囊性变等区别,很容易发生误诊。人类对生命现象的认识是一个渐进的、螺旋式的、无止境的过程,生命活动的复杂性、人类对疾病认识的局限性和阶段性,是医学具有不确定性的根本原因,而误诊就是不确定性的产物。疾病的多样性、隐匿性、不典型性、突发性、复杂性、罕见性等,同一种疾病在不同患者身上表现为不同的症状和体征,这些因素都有可能影响诊断结果。医生在诊断时要重视疾病表现的共性,也不能忽视个性,对于非共性表现,要找出合理的解释,特别是对于不典型病例,更要追究原因,因为"不典型"往往也有其机制,或者叠加了其他因素或疾病。医生要小心谨慎,寻找和建立症状与疾病之间的因果关系,预防误诊、误治。

【教学建议】

本素材可用于"外科学"课程"泌尿外科的鉴别诊断"内容和"诊断学"课程"超声诊断"内容的教学。教师给出病例,组织学生讨论:如何避免误诊?

(隆娟　郭昆全)

第四章
医患关系案例

当前,医患关系不和谐,除了社会、经济、舆论等因素的影响外,医务人员人文素养的缺失也是一个重要原因。医学教育需要通过教学内容的优化和教学方法的改革,重塑学生的医学人文素养,包括正确的生命价值观、严格的道德伦理规范、良好的沟通技能和医学叙事能力、依法行医的法治意识。本章包含8个案例,分别从以上各个方面诠释医学人文素养的重要意义。将医患关系的案例用于临床医学专业课程思政教学,可以以正面的案例引导学生思考学习,以反面的案例引起学生警醒和反思,自觉加强医学人文知识的学习和内化,从而实现医学人文素养的提升。

1 责任意识:患者术后药物过敏死亡

【案例呈现】

某女性患者,63岁,因慢性胆囊炎急性发作、胆囊结石入住某三甲医院,完善术前检查后全麻条件下行腹腔镜下胆囊切除术,术程约一小时,过程顺利,于15时30分安全返回病房,予以输液抗感染、支持治疗。18时许,输入抗炎药炎琥宁后,患者开始感觉全身不适,有头晕、恶心等现象,随后出现寒战。家属叫来值班医师,医师只看了监护仪,说一切正常,便离开病房。过了一个小时,患者仍有寒战,护士为其加盖了被子,再次叫来值班医师。医师没有为患者查体,也未测体温,只是问:"你真的有那么难受吗?"医师看到监护仪各项指标正常便离开病房。20时30分,患者感到不冷了,且有热感,护士测其体温为39.5 ℃。20时50分,患者烦躁不安、呼吸急促,值班医师才请内科会诊,并叫来二线医师共同抢救。23时,医生宣告患者临床死亡。

死亡病例讨论:本例诊断明确,手术适应证、指征明确,手术成功,术后至死亡前临床表现可排除术后出血等外科并发症。医生认为药物过敏性休克可能性较大,由于值班医师不够重视,未能及时处理,失去最佳抢救机会。

患者家属投诉值班医师不负责任,草菅人命,要求处理值班医师,并要求医院予以赔偿。第三方医疗损害鉴定认为,患者死亡与医疗过错存在直接因果关系,院方负主要责任。

【素材出处】

姚聂、王平、郭玉娟等:《从医疗纠纷案例反思医学人文关怀》,载《中国卫生法制》,2014,4:57-60。(节选)

【案例点评】

本案例中,患者的死亡原因是药物过敏,但与值班医生工作不负责任有直接关系。中国自古有对医生"大医精诚"的告诫,西医也有患者利益至上的伦理要求,医生一定要对自己的职业心存敬畏,对患者心存大爱。"一切为了患者,为了一切患者,为了患者的一切",医生的这种职业态度并不是一句口号,应该落实到医疗的全过程中。

【教学建议】

本素材可用于"医学伦理学"课程"医学伦理学的原则与规范"内容的教学,老师在讲授"医学伦理学的基本原则(1)尊重原则"时,可引导学生思考讨论:如何理解医生职业道德的本质是尊重生命?

(王茜　隆娟)

2 医学伦理：手术刀下的文化追问

【案例呈现】

陈焕然，著名整形美容医生，中国协和医科大学整形美容外科专业博士，从事整形美容外科近30年。作为目前中国水平最高的整形美容外科医生之一，陈医生不轻易给人做整容手术。因为在他看来，每一张脸都是独一无二、弥足珍贵的，整形医生不能随意拿起手术刀来更改自然的杰作；医学也不是精确的科学，而是经验科学，绝对不像流水线那样整齐划一。因此，第一次去找他的患者都被拒之门外，二十多年来，他拒绝的患者多达数万。

去找他做整容的女孩都需要经过三关：第一是心理关，如果心理鉴定或心理测试显示为正常，就可以进入第二关——审美关，审美观稳定的人才能进入第三关——手术风险关，他把要做的手术所有近期、中期和长期的并发症和坏处都列举出来，让患者慎重考虑，考虑成熟的人才能做手术。经过这三关，最后真正能做手术的人只有10%～20%。他说："患者是对医生有多大的信任才能让你用锋利的刀划开她的脸，对于有些人来讲，一张脸比生命还要重要，因此医生更要从心里尊重患者、感谢患者。"

有一次，一个上初中的女孩去找陈焕然医生做整容手术。她因为同学一个无意的动作，就认为对方嘲笑自己丑陋，并且因此留下心理阴影，严重影响了学习。陈医生认为女孩儿还没到十八岁，身体发育没有成熟，世界观和审美观尚未形成，就拒绝了她的要求。三年后，那个女孩儿又来找他，陈医生就说：你现在年满十八岁了，我可以给你做，但不是现在，你回去好好念书，等到二十二岁左右身体发育定型了，如果那时候还想做，我一定给你做。女孩看到了希望，回去之后努力学习，考上了大学。到了大三，女孩儿在父母的陪同下来找陈医生，但这次她不是要做整容手术，而是对他表示感谢。她认为现在的自己很美丽，学习成绩也很好，目前正在复习考研，而且对未来充满希望。陈医生拒绝了女孩整容的要求，却赢得了女孩的感激和一生的信任，因为他是真正站在患者角度来考虑问题的。他常常建议患者"要做独特的自己，而不是漂亮的别人"。

陈医生强调，一个医生首先要心存善念，身体去做善事，嘴巴要讲好话，用文明而美好的语言去温暖他人，就会收获和谐的人际关系和医患关系。把医学上升到美学和人文关怀的层次，让患者因为这份美丽改变自己的人生，这才是整容医生真正收获成就感的时刻。

【素材出处】

根据"CCTV 公开课:整形美容——手术刀下的文化追问"整理。

【案例点评】

善念是医学的灵魂,仁心是医生的行为准则,妙手和仁术则是实现医者父母心和医学人文关怀最好的保障和手段。善念、仁心是伦理道德的具体展现,而伦理道德既是医学的职业要求,也是医生的行医准则。本案例中,陈焕然医生拒绝为一个上初中的女孩做整形手术,是从医学伦理道德的角度对医疗行为进行自觉的约束,他强调的心存善念、做善事、讲好话等行为,则是对医学伦理道德的践行。

【教学建议】

本素材可用于"医学伦理学"课程"伦理学与医学伦理学"或"医学伦理学的原则与规范"内容的教学,老师在讲授"伦理学与医学伦理学关系"时,可引导学生讨论:医学伦理道德与一般伦理道德的区别与联系？老师在讲授"医学伦理学的基本原则(3)有利原则"时,可引导学生思考:有利原则的核心内涵是什么？

(王茜　隆娟)

3 人文关怀：一封医学生的感谢信

【案例呈现】

皮肤科Ⅱ病区的住院部所有的医护人员：

10月6日，我因过敏性皮炎住进了××医院皮肤科Ⅱ病区，面部明显肿胀，有红斑、破溃并伴有渗液。我当时挺绝望的，十分害怕自己会毁容。每次听医生说"怎么这么严重？怎么还肿？"之类的话，我都非常害怕，不想吃饭，不想喝水，不想做任何事情，只想通过睡觉来逃避。我特别害怕上厕所，因为卫生间有镜子，它会让我看到丑陋的自己。

露露姐姐、菲菲老师（指医务人员）不停地安慰我，虽然每次都很简短，但我当时真的挺感动的，慢慢地，我下楼治疗就不再遮着脸了，我也相信自己会好的。还有李医生，他每次到病房来都会安慰我。我特别绝望的时候说过一句话："宁可病在内里，也不愿病在脸上。"他就笑着问我："生命和健康重要还是脸重要？"他还说了很多安慰我的话，当时我心里感到特别温暖。

张医生和蔼可亲又善解人意，我觉得这个医生真棒，她不仅会治皮肤病，还会治心病。看完病，她还到处帮我问照黄光报销的问题，真的是太好了！护士长也很好，因为学了相同的专业，我和她慢慢熟悉起来。她心细，操作技能很熟练，脾气很好，对病人也很温柔。她下班了还陪我出去吃东西，有一次还给我带早餐。真的很感谢你们！

15天的住院时间不算短，但我还是很高兴的，最重要的是我在这里找到了人生目标。我自己是学护理的，可当初选这个专业并不是出于我本人的意愿。这次住院的经历，竟然使我改变了想法。我觉得医生和护士都是天使散落在人间的光，治身上的病也治心病，就像××老师跟我说的：医德和医术同样重要，二者缺一不可。我以前一直觉得人文关怀是多余的，但当过一次病人才知道，看似简单、不起眼的几句话，往往最能温暖人心。我以后一定要以各位前辈为榜样，努力学好专业知识，做一个小太阳一样的护士，努力、认真、自律地生活，对病人温柔且善良，知足且上进。

最后，再一次表达对××医院皮肤科Ⅱ病区全体医护人员的感谢，你们不仅医术精湛,而且医德高尚,让我绝望的时候感到温暖,不仅治好了我身上的疾病,也治好了我的心病。希望这种优良的作风能一直传承下去!祝××医院越来越好!

吴××

2020 年 10 月 21 日

【案例点评】

本案例中,患者对医生的感谢重点不是医疗技术,而是医生对患者的安慰和鼓励。许多人对医学人文有偏见,认为医学人文只是一种绅士的品质,是医疗技艺的装饰,这是出于"医学技术至上论"的狭隘认识。医学的出发点就是照护和帮助,医学人文是医学与生俱来的属性。医生的医疗能力既包括医学技术能力,也包括医学人文能力,两者不可分割。

【教学建议】

本素材可用于"医学伦理学"课程"医疗人际关系伦理"内容的教学,也可用于"医患沟通"课程"治疗中的积极沟通"内容的教学。教师可引导学生思考讨论:医生如何在医疗过程中真正实现人文关怀?

(赵伦华　王茜)

4 人文关怀:榆林产妇跳楼案

【案例呈现】

2017年8月31日20点左右,陕西省榆林市第一医院绥德院区妇产科,产妇马某从5楼分娩中心坠下,因伤势过重,经医护人员抢救无效身亡。事后,榆林市公安局经勘查,认定系自杀。

对于产妇坠楼,医院与家属各执一词。医院发布情况说明:主管医生曾多次向产妇、家属说明情况,建议行剖宫产终止妊娠,产妇及家属均明确拒绝,坚决要求以催产素诱发宫缩经阴道分娩,并在《产妇知情同意书》上签字确认顺产要求。同时,医院公布监控录像截图,称产妇两次下跪请求家属同意剖宫产,医务人员也向家属提出剖宫产建议,均被家属拒绝,最后产妇因疼痛难忍导致情绪失控跳楼。

而死者丈夫对院方的声明并不认可,声称入院时医生问是选择顺产还是剖宫产,患者与家属的意见是"能顺产就顺产,不能顺产就改为剖宫产",还特意向医生确认了"可以改",家属才先后两次在《产妇知情同意书》上签署"情况已知,要求阴道分娩,谅解意外""情况已知,要求静滴缩宫素催产,谅解意外"的意见。死者丈夫说:"视频截图中的下跪不是下跪,她(产妇)是疼得受不了,人往下瘫软,我扶都扶不住。"产妇第二次走出产房要求剖宫产,家属也要求医生行剖宫产,但医生说:"不用剖了,马上就生产了。"过了一会儿,医生出来,说产妇不见了,随后产妇被发现已坠楼。

该事件中,医院和家属双方都认同,产妇马某曾多次要求进行剖宫产。但事实是,马某自己的这个决定,始终未被认可。这起"一尸两命"的悲剧,引发了社会对"手术必须家属签字"制度的全面反思。人们纷纷追问:到底谁能决定产妇的分娩方式?

【素材出处】

新民网:《榆林产妇跳楼事件 主治医师已停职配合调查》,2017-09-06,http://shanghai.xinmin.cn/xmsq/2017/09/06/31263009.html。(根据以上资料整理)

【案例点评】

这是一起原本可以避免的悲剧。抛开医院在人员的配备不能满足紧急情况下的工作需要、医疗安全管理薄弱等方面的问题,医务人员主要存在三个方面的问题。一是对产妇的人文关怀不够。产妇对疼痛已经到了难以承受的境地,无论是医务人员还是家属,都未能予以足够的重视,特别是医务人员应给予有效的指导和安慰、鼓励,陪伴、引导孕妇渡过难关。二是医学伦理意识的淡薄。从"救死扶伤"等最基本的医疗伦理角度来看,医务人员以"家属拒绝"作为没有及时实施剖宫产的理由,坐视患者痛苦不管,是引起这起悲剧的重要原因,绝不是一句"与医院诊疗行为无关"就能撇清的。三是法律素养的欠缺。根据相关法律条文的规定,在是否实施剖宫产的问题上,产妇的决定权高于家属;产妇为成年人,神志清醒,亦无精神病史,即使家属不同意,医务人员也可以建议产妇撤回对家属的授权,重新签署一份本人知情同意的意见书,即可行剖宫术。

【教学建议】

本案例可用在"妇产科学"课程"剖宫产"内容的教学中,可组织学生讨论:如何评价医务人员的行为?如果你是本案例中的产妇,你希望医生怎么做?本案例也可用于"医学伦理学"课程"医疗人际关系伦理"内容的教学,教师讲授"医患双方的道德权利与义务"时,可引导学生思考"医生道德权利"的内涵。

(隆娟 王茜)

5 法治意识：泄露患者隐私引发纠纷

【案例呈现】

某高校的一名大三学生，因身体不适去医院检查，结果显示该同学已感染艾滋病毒。负责接诊的医生按要求将情况反馈给当地疾控中心，疾控中心又对该同学的情况进行了复查，一旦确认，将由疾控中心通知学生本人。在复查结果出来之前，接诊的医生将这个情况透露给该同学所在学院的领导——该医生与领导是亲属关系，并善意提醒关注该同学的心理状况，以防出现意外。

由于事关重大，该领导迅速向上级领导汇报，经商讨，为预防学生得知确切消息之后发生意外情况，学校在疾控中心通知学生之前联系了学生家长。家长闻讯赶到学校，与学院领导、辅导员一起对该同学进行陪同和心理疏导。事后，学生投诉该接诊医生泄露患者个人隐私，要求赔偿精神损失费。经协调，医院赔偿该同学4万元人民币。

【案例点评】

这是一起医生缺乏法律意识引发的医患纠纷案例。医疗过程中的医患沟通表层展示的是医生的理解倾听和语言的选择表达，深层显现的则是医生的人文素养，其中法律素养是人文素养的重要组成部分。在整个诊疗的沟通过程中，尊重患者的知情权、隐私权是医生医患沟通的准则。该案例中，医生本意是关心学生，好心提醒学校，但没有考虑到保护患者隐私权的问题，行为欠妥。

此外，性途径是艾滋病毒传播的重要途径，目前大学生已经成为艾滋病毒感染的重要人群，要教育学生洁身自好，珍惜生命。

【教学建议】

本素材可用于"医学微生物"课程"逆转录病毒"内容的教学；也可用于"医学伦理学"课程"临床诊疗伦理"内容的教学，老师在讲授"临床诊疗的伦理原则（4）保密守信原则"时，可引导学生分析讨论医生的法律责任；还可用于"医患沟通"课程的教学，教师通过小组讨论的方式，明确医患沟通的深层意义和沟通的法律原则。

（隆娟　王茜）

6 沟通技能之解释：与高血压患者的沟通

【案例呈现】

患者，男性，40岁，因体检发现血压高到门诊就诊。袁医生接诊，测量患者血压为160/105 mmHg，心率为76次/分，其他无异常。袁医生建议患者用降压药物治疗，患者认为自己没有症状，不愿意服用药物，问有没有什么其他方法可以治好。袁医生回答，高血压没有办法治愈，只能用药物控制，如果不用药就会随时发生脑出血、心肌梗死、肾衰竭等，甚至突然死亡。患者害怕，让医生赶紧开药。五天后，患者再次到医院门诊，大吵大闹，说自己吃了袁医生开的药，不仅血压没降下来，还出现了头痛、咳嗽、心慌等症状，自己感觉还没有治疗前舒服。

接诊的刘医生首先及时地安慰患者，稳定患者情绪，然后详细询问病史。他发现上次看病后，患者情绪紧张，夜间睡眠不好，还发现患者口味重，饮食喜爱油腻，而且患者本来体型肥胖。了解到这些情况，刘医生向患者做了如下解释分析。

（1）高血压分为两大类：一类为继发性高血压，就是其他病引起的高血压，只要找到原发病，血压就可以治好；另一类为原发性高血压，病因还不清楚，需要长期服用降压药控制血压。

（2）患者现在的不适，一方面是因为降压药的副作用，另一方面是因为自身情绪紧张、焦虑。

（3）高血压长期控制不好的确会引起心、脑、肾的问题，但只要控制得好就不会有大的危害。

随后，他对患者进行了相关检查，排除了继发性高血压，调整了降压药物，并详细告诉患者服药方法和可能出现的副作用；指导患者控制饮食，少油、少盐，适当锻炼减轻体重，短期服用抗焦虑药物改善睡眠。

【素材出处】

王茜、严世荣：《医患沟通概论》，人民卫生出版社，2014年版：62-63。

【案例点评】

该素材中，刘医生与患者的沟通条理清晰，解释说明准确恰当。刘医生的沟通步骤如下：一是安慰，及时稳定患者情绪；二是仔细地问诊，表现出对患者的负责态度，获得患者的信任；三是详细地解释，说明了高血压的分类，分析了患者病情症状的原因;四是有针对性地予以指导,解决患者的问题。这样的沟通步骤取得了满意的效果。

【教学建议】

本素材可用于"医患沟通"课程"沟通环节和过程"内容的教学,教师可通过提问的方式,引导学生对医生的沟通步骤进行分析。

(王茜)

7 沟通技能之理解:因理解差异导致患者跳楼

【案例呈现】

患者,女性,36岁,农民,因发热1周待查入院,入院后给予相关检查,并进行对症治疗,体温仍不退,诊断不明。周一查房,一位副主任医师了解完该患者的病情和检查情况后,在病床边针对患者的病情向下级医师进行病因分析:"这位女患者,体温不退,不能排除白血病的可能,应该进一步检查……"分析完后,副主任医师和主管医生并未询问患者有什么问题。患者听后,认为自己得了白血病,感到十分绝望,于当晚跳楼自杀,致颈椎骨折伴截瘫。后根据相关检查结果,患者被诊断为伤寒。因此,患者提起诉讼,要求医院承担法律责任。

【素材出处】

王茜、严世荣:《医患沟通概论》,人民卫生出版社,2014年版:36。

【案例点评】

言语理解是指交际对象接收到的话语中概念和观点的解释,对句子一般意义、特定意义或隐含信息的合理推断。言语理解还包括对说话人生活方式、社会背景、行为动机、思想观点和非言语行为的解读。本案例中,患者理解能力有局限,把医生查房时的病情分析讨论当作诊断结论,导致绝望跳楼,应该说主要责任在于患者。但这也提醒医生,在查房时除了进行病情诊断讨论外,还需关注更多的沟通细节,如医生应该告知患者疾病的发展状况和治疗的方案,对理解有困难的患者要更加关心,要主动询问患者有什么疑问并随时做出通俗易懂的解释,以消除误解。

【教学建议】

本素材可用于"医患沟通"课程"表达和理解"内容的教学,教师可以引导学生思考并回答:查房是每一个医生必不可少的诊疗工作,医生在查房时除了与医疗团队进行沟通还需要与哪些人进行沟通?

(王茜)

8 医学叙事能力:人本主义下的平行病历

【案例呈现】

1. 病情摘要

患者于 2019 年 6 月 3 日傍晚过马路时被小轿车撞倒在地,头部受伤,当场昏迷,无肢体抽搐,无恶心呕吐症状。患者被送至如皋市第一人民医院行头颅 CT 检查显示,颅脑损伤,蛛血,轴索损伤。医生对患者予心电监护、留置尿管、进行胃管气管插管、脱水降颅压、营养脑细胞、改善脑代谢、促醒、止血、抗感染、护胃等对症治疗。后因患者突然出现呼吸急促,血氧饱和度下降,6 月 5 日,如皋市第一人民医院将其转至南通市第一人民医院神经外科。转院后,医院立即行气管切开接呼吸机辅助呼吸,在治疗操作上予护脑、消肿、预防癫痫、抗炎、高压氧等治疗。十几天后,患者逐渐苏醒,可睁开左眼,右眼睑下垂,不能上抬,肢体逐渐可以自主活动。7 月 24 日拔除气管套管,患者生命体征平稳后,辗转于多家医院行康复治疗。目前为止,患者神志清,对答部分切题,四肢自主活动。经口进食,饮水无明显呛咳,日常生活活动能力受限。今为求康复治疗来我院,门诊拟"脑外伤后综合征"收入二病区。发病以来,患者四肢活动有阻力,无心慌胸闷、呼吸急促发热等不适症状,二便可排出,体重较前有所下降。

2. 平行病历

"疼啊疼,疼啊疼……"整个走廊都充满了这个病人的喊叫声,循声走入训练室,一个坐在轮椅上的老年男子正在做康复训练,他一只眼睛睁着,另一只眼睛眯着,整个人的精神状态都不是很好,轮椅的两旁站着他的妻子和孙女甜甜。甜甜正拿着治疗室的康复器材摆弄玩耍,因为好奇时不时地去动动其他患者的锻炼仪器,妻子则看护着老人做治疗。训练师正在用手把老人握成拳头的手指一个个掰开,可因为肌张力太高,病人怕疼,不肯配合治疗,训练师多次进行手部训练,他一直喊叫。妻子看不下去了,也"加入"训练师的团队,用手掰开患者的另一只手,因为疼痛难忍,患者持续大叫的同时用脚去踢妻子的腿,想让她停下来。旁边的甜甜见状也放下手中的"玩具",立马跑上前来,用双手按住患者的双脚,奈何,甜甜的劲儿太小了,根本按不住。此时,有些许狂躁的患者正好一脚踢在了甜甜的脸上。甜甜立马哭了起来,跑到一旁,趴在桌子上小声抽泣着。妻子立刻停下手中的动作说:"你看看你怎么当爷爷的,把甜甜都踢哭了,你还不好好治疗,安慰安慰甜甜。"患者一脸无辜,嘴里依旧喊着:"疼啊疼,疼啊疼……"妻子走到甜甜旁边,轻轻地拉起她的手安慰道:"甜甜,爷爷病了,他不是故意踢你的,你能原谅爷爷吗?"孩子默默地点点头,用小手把脸上的泪水擦干,跑到患者身边对训练师说:"阿姨,你停一下好吗?"训练师停下了手中的训练动作,甜甜拉起爷爷的手,摸摸爷爷的手背,用小手把患者的手指一根一根地轻轻掰开,生怕弄疼了患者,轻轻地说道:"爷爷,你乖乖听话好吗?我来帮你。"奇怪的是,患者居然没有喊叫,默默地低着头,看着甜甜,可能是因为刚才踢了她而感到羞愧,也可能是她轻柔的动作并没有让患者感觉到疼痛。甜甜抬起头看了看患者说:"爷爷,你好好听阿姨的话,治好了,咱们好回家,你还要陪我一起玩呢!"患者点点头,甜甜慢慢放开患者的手说:"阿姨,你继续训练吧。"接下来的训练一切顺利,患者也不再大喊大叫,疼的时候只是轻轻地哼哼几声。

这大概就是关爱的力量吧。对亲人给予关爱的需求是每个人都存在的,人的一生都渴望感受别人给予的关怀和爱护,也正是如此,甜甜对患者的关心和爱护才让患者能够内心安静下来去做训练,也正是甜甜和患者之间的亲情才让她能够主动去感受患者的感受。

【素材出处】

杨燕、周逸萍:《人本主义下的平行病历两则》,载《中国医学人文》,2020,11:25-29。(节选)

【案例点评】

叙事医学讲究对患者的关爱,不是只有言语的安慰才能称之为叙事,肢体语言流露出的关心与爱护也是叙事医学中的一种特殊叙事技能,肢体上的接触也能减少患者的恐慌。本篇平行病历中"甜甜"看似简单地对"爷爷"进行触摸,却表现出对"爷爷"深深的关爱,"爷爷"或许是因为感受到了孙女对自己的关爱而逐渐接受了治疗,这也是从侧面体现出"爷爷"对于"甜甜"给予自己关爱的一种行为上的反馈。人在生病时,对爱的需求增加,患者内心的痛苦需要被感知和见证,家属给予的关爱可以填补患者这个情感需求上的空白,让患者在治疗的过程中感受到自己不是孤身一人,在他的背后有来自家庭的支持。同样,医务人员的关爱与支持对患者也十分重要,也能转化为患者治疗的动力。

【教学建议】

本素材可用于"医患沟通"课程"叙事医学"内容的教学,教师可指导学生结合临床见习写一份平行病历。

(王茜　隆娟)

参 考 文 献

[1] 崔建霞,刘新刚,杨才林,等.新时代高校思想政治理论课案例教学指南[M]. 北京:人民出版社,2018.

[2] 亨利·欧内斯特·西格里斯特(Henry·Ernest·Sigerist).疾病与人类文明 [M].秦传安,译.北京:中央编译出版社,2016.

[3] 李俊伟,张翼宙.医学类专业课程思政教学案例集[M].北京:中国中医药出版 社,2020.

[4] 王茜,严世荣.医患沟通概论[M].北京:人民卫生出版社,2014.

[5] 王吉耀.住院医师规范化培训内科示范案例[M].上海:上海交通大学出版 社,2016.

[6] 沈柏用,邓侠兴.住院医师规范化培训外科示范案例[M].上海:上海交通大学 出版社,2016.

[7] 华克勤.住院医师规范化培训妇产科示范案例[M].上海:上海交通大学出版 社,2016.

[8] 黄国英.住院医师规范化培训儿科示范案例[M].上海:上海交通大学出版 社,2016.

[9] 李芳,李义庭,刘芳.医学、医学教育的本质与医学人文精神的培养[J].医学与 哲学(人文社会医学版),2009,10:66-68.

[10] 宫福清,戴艳军.我国医学生总体培养目标定位的思考[J].医学与哲学(A), 2012,33(05):57-58,81.

[11] 俞嘉怡.树立医德与医术融合统一的医学教育观[J].教师教育研究,2014,26 (02):50-55.

[12] 杜治政.医学生的培养目标与人文医学教学[J].医学与哲学,2015,36(6A): 1-6.

[13] 陆道坤.课程思政推行中若干核心问题及解决思路——基于专业课程思政的 探讨[J].思想理论教育,2018(03):64-69.

[14] 高宁,王喜忠.全面把握《高等学校课程思政建设指导纲要》的理论性、整体性 和系统性[J].中国大学教学,2020(09):17-22.

[15] 冯梅,曹辉,李晓辉.以思政案例为载体的高校课程思政教育教学初探[J].中 国高等教育,2020(Z3):37-39.

[16] 陈会方,秦桂秀."课程思政"与"思政课程"同向同行的理论与实践[J].中国高等教育,2019(9):53-55.

[17] 余结根,汪全海,刘辉,等.医学院校基础医学课"课程思政"内涵及实施路径研究[J].锦州医科大学学报(社会科学版),2020,18(04):49-51.

[18] 周梅妮,张振威.高校案例库建设评价指标体系研究[J].西南交通大学学报(社会科学版),2011,3:10-12.

[19] 刘艳艳,代爱英,李琳.课程思政教学案例库建设探索[J].山东教育(高教),2008(03):101-104.

[20] 张新平,冯晓敏.专业学位教学案例库建设:内涵、价值与要点[J].现代大学教育,2020.36(04):100-104,112.

[21] 王新华,王娜.论课程思政改革的价值引领[J].学校党建与思想教育,2021(02):52-54.

[22] 尉迟光斌.论当代中国价值观中国家价值的最高地位[J].思想教育研究,2018(04):83-86.

[23] 马俊,林伯海.医学生积极生命价值观普遍认同机理及其培育路径[J].学校党建与思想教育,2017(05):65-67,77.

[24] 张景泊,桂翔.大学生敬业价值观和敬业精神培育的依据、意义和路径[J].思想教育研究,2019(02):122-125.

[25] 宋静,杨帆,胡春平.医学生医德文化建设长效机制研究[J].学校党建与思想教育,2019(13):79-80.

[26] 盘幼初,汪小莎.现代医学模式下的医务人员职业责任感内涵探析[J].教育界:高等教育,2015(8):32-34.

[27] 吴元杰,王键,李净,等.基于问题教学培养中医院校医学生高阶思维能力[J].安徽中医药大学学报,2016,35(02):94-96.

[28] 谢佛荣,刘丽芳.逻辑视角下的批判性思维和创新性思维关系及价值探析[J].九江学院学报(社会科学版)2020,39(01):81-83,87.

[29] 王文.全球视野下中国"90后"的经济自信——兼论代际价值观转变理论视角下的中国青年与制度变革[J].西北师大学报(社会科学版),2020,57(04):95-100.

[30] 王惠,张俊,席小芳,等.课程思政在诊断学教学中的实践与探索[J].卫生职业教育,2019,37(14):24-25.

[31] 赵茜,郭慧,申张顺,等.论临床思维的性质和原则[J].医学与哲学,2019,40(12):15-19.

[32] 王筝扬,向阳.临床思维的基本原理[J].中国毕业后医学教育,2020,4(02):

98-107.

[33] 杜治政.临床判断:基于病人的真实世界[J].医学与哲学(A),2017,38(08):1-5,20.

[34] 孟庆义.论急诊医师初始判断方向的确定——概率论[J].中国急救医学,2010,30(04):348-351.

[35] 王佩燕.独特的急诊临床思维——降阶梯式鉴别诊断[J].世界危急重病医学杂志,2007,4(3):1828.

[36] 张常华,刘胡慧,何裕隆,等.科学临床思维与临床决策[J].医学与哲学(临床决策论坛版),2007(11):1-3.

[37] 杨志寅.临床思维与临床决策[J].中华诊断学电子杂志,2015,3(2):79-83.

[38] 许珍荣.论"原理课"对医学生科学思维能力的培养[J].当代继续教育,2016,34(05):88-91.

[39] 吕健.医疗的确定性、不确定性与医患共同决策[J].医学与哲学,2021,42(12):5-10.

[40] 魏岩,张文风.中国古代疫病预防思想探析[J].长春中医药大学学报,2021,37(01):6-9.

[41] 冯琦,唐金陵.欧洲产褥热流行调查与控制:被忽略的流行病学先驱塞麦尔维斯[J].中华流行病学杂志,2017,38(08):1136-1139.

[42] 谭昭麟.外科手术两大基石——麻醉与无菌[J].食品与健康,2020(2):17-20.

[43] 马伯英,邝丽诗.中国的人痘与牛痘——纪念詹纳发明牛痘200周年[J].科学,1997,49(03):48-52.

[44] 马伯英.中国的人痘接种术是现代免疫学的先驱[J].中华医史杂志,1995(03):139-144.

[45] 房芳,韩非,鲁亚平.乙酰胆碱作为化学突触递质的发现简史[J].中学生物学,2016,32(09):3-4.

[46] 谭昭麟.青霉素传奇[J].食品与健康,2020(10):18-20.

[47] 弗莱明的故事[J].中国科技奖励,2020(02):77-78.

[48] 陈禹.世界首例人工合成牛胰岛素纪事[J].档案春秋,2019(04):7-9.

[49] 朱凡,杨秋蒙.中国器官移植"第一例"背后的故事[J].新民周刊,2017(40):38-41.

[50] 王溪云,邹慧,杨一兵,等.中国血吸虫病防治策略的回顾与展望——庆祝建国60周年血防成就回顾[J].江西科学,2009,27(06):871-876.

[51] 周颖.反应停致短肢畸形事件[J].药物不良反应杂志,2010(5):335-337.

[52] 王咏雪.马歇尔:"以身试菌"的科学狂人[J].大众科学,2014(10):26-28.
[53] 李斌.跃上生命科学之巅——中国参与人类基因组计划纪实[J].人民论坛,2000(07):16-19.
[54] 黄永奎.论"医圣"张仲景的科学精神[J].四川工程职业技术学院学报,2007(02):18-19.
[55] 李白薇.安德雷亚斯·维萨里:开创解剖学新世纪[J].中国科技奖励,2014(07):78-79.
[56] 顾凡及.近代解剖学之父——维萨里[J].自然杂志,2016,38(06):461-466.
[57] 贾沐恬,杨鑫,刘震.浅析哈维的科学思想——以血液循环理论为例[J].现代交际,2019(03):222-223.
[58] 卢明,陈代杰,殷瑜.1854年的伦敦霍乱与传染病学之父——约翰·斯诺[J].中国抗生素杂志,2020,45(04):347-373.
[59] 章奇,吴俊,叶冬青,等.病因推断的远征者:罗伯特·科赫[J].中华疾病控制杂志,2020,24(10):1237-1240.
[60] 张庆华,姜有声,许丹,等.教学案例"科赫——细菌学的奠基人"实施及效果[J].教育现代化,2020,7(11):162-164.
[61] 梁水源.爱,成就了心电图学之父[J].思维与智慧,2020(07):26.
[62] 李相尧.拉蒙·卡哈尔和神经元学说[J].生物学教学,2004(11):56.
[63] 顾凡及.神经科学之父——拉蒙·卡哈尔[J].自然杂志,2019,41(05):386-390.
[64] 毛艳梅,吴俊,潘海峰,等.博学载医,赤心爱国——纪念鼠疫斗士和中国公共卫生先驱伍连德[J].中华疾病控制杂志,2019,23(08):1021-1024.
[65] 陈英云.伍连德爱国主义精神的时代价值及实践意义[J].继续教育研究,2018(10):51-57.
[66] 郑术,蒋希萍.吴宪——中国生物化学及营养学的奠基者[J].生物物理学报,2012,28(11):857-859.
[67] 饶毅.几被遗忘的中国科学奠基人之一、中国生理科学之父:林可胜[J].中国神经科学杂志,2001(02):171-172.
[68] 齐悦."中国生理科学之父"林可胜[J].名人传记,2020(06):43-48.
[69] 孙硕.汤飞凡:细菌学的拓荒者[J].科学中国人,2019(05):77-79.
[70] 青宁生.我国微生态学的奠基人——魏曦[J].微生物学报,2008(03):279-280.
[71] 秦小燕.魏曦:奠基我国微生态学[J].湘潮(上半月),2015(07):35-38.
[72] 杨雄里.永恒的回忆——怀念冯德培先生[J].教育家,2020(32):8-10.

[73] 李娟,卢莉,吴疆,等.顾方舟:为抗击脊髓灰质炎而无私奉献的一生[J].国际病毒学杂志,2019(08):217-218.

[74] 范瑞婷.脊髓灰质炎疫苗的研究——顾方舟访谈[J].中华医史杂志,2018,48(5):304-312.

[75] 罗元生.屠呦呦:一生只为青蒿素[J].时代报告,2019(11):68-71.

[76] 屠呦呦.不慕浮华,醉心青蒿:不变的屠呦呦[J].健康中国观察,2019(10):38-40.

[77] 李兰英.修瑞娟与微循环研究[J].人民画报,1984(03):18-45.

[78] 马家麟.探索微观世界的奥秘——访著名医学专家、微循环研究所所长修瑞娟[J].前进论坛,1997(01):22-24.

[79] 马镇,刘亚君.摘取科学王冠上的明珠——记国际微循环研究终身成就奖获奖者修瑞娟[J].前进论坛,2011(02):44-45.

[80] 肖瑶."斩癌使者"卞修武[J].中国卫生人才,2015(02):56-59.

[81] 唐余方.破解肿瘤密码的探索者——记中国科学院院士卞修武[J].当代党员,2018(05):47-50.

[82] 唐余方.新冠肺炎的"解密者"——中国科学院院士卞修武和团队的战疫故事[J].当代党员,2020(14):59-62.

[83] 王海龙.白求恩晋察冀手稿还原真实的白求恩[J].中外文摘,2020(08):54-55.

[84] 李和新.中国好医生——林巧稚[J].中国实用医药,2019,14(24):199-202;

[85] 何书彬."万婴之母"林巧稚[J].同舟共进,2020(10):33-36.

[86] 梅兴无.医者仁心裘法祖[J].同舟共进,2021(02):41-45.

[87] 张国祥,吴建华.食管癌1例漏诊分析[J].内科,2019,14(02):251-255.

[88] 乔少谊,陈兴发.囊性肾癌误诊肾囊肿1例报告[J].现代泌尿外科杂志,2021,26(05):448,450.

[89] 姚聂,王平,郭玉娟,等.从医疗纠纷案例反思医学人文关怀[J].中国卫生法制,2014,22(04):57-60.

[90] 杨燕,周逸萍.人本主义下的平行病历两则[J].中国医学人文,2020,6(11):25-29.